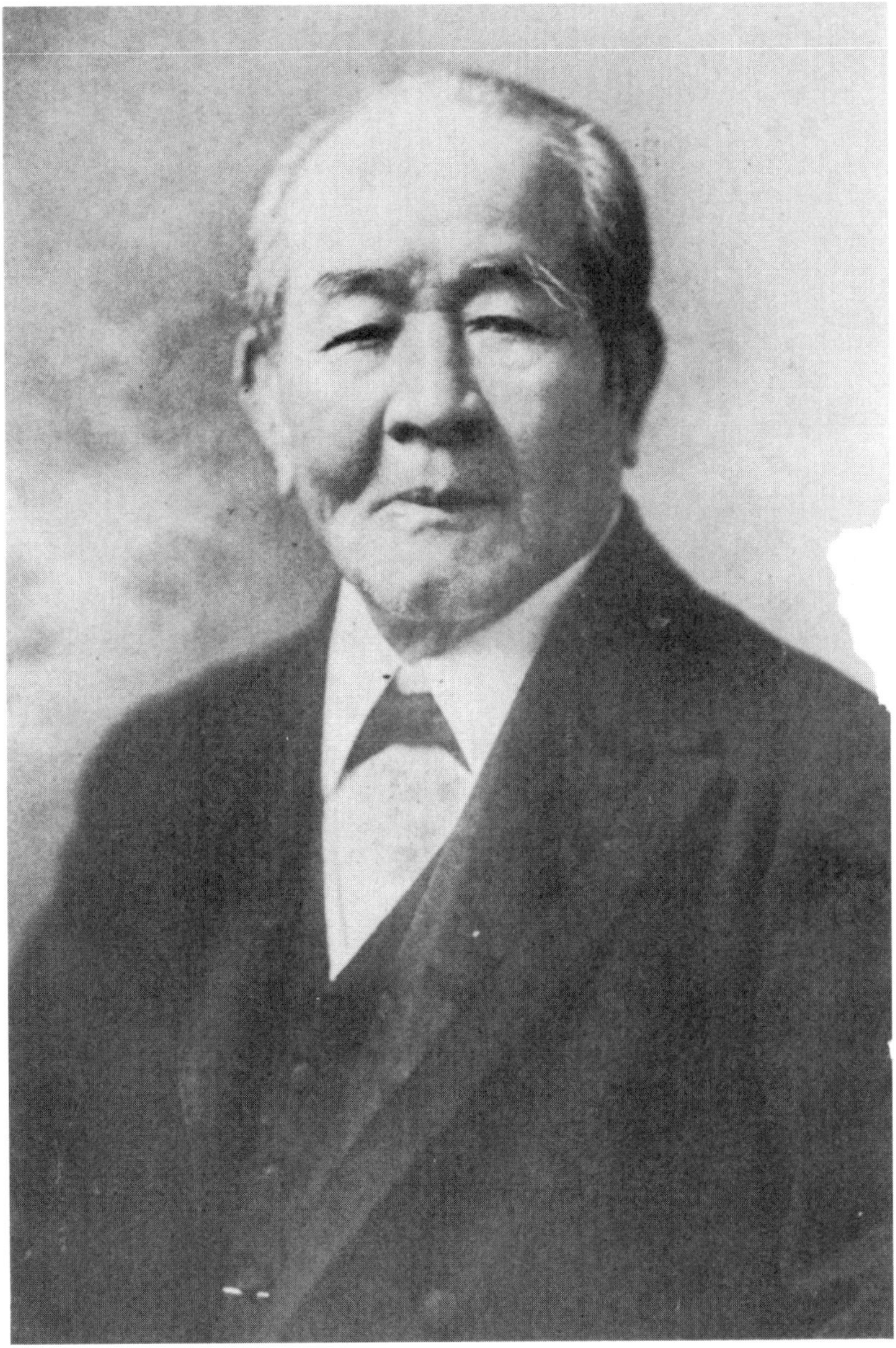

渋沢栄一（1929 年発行『処世の大道』口絵より）

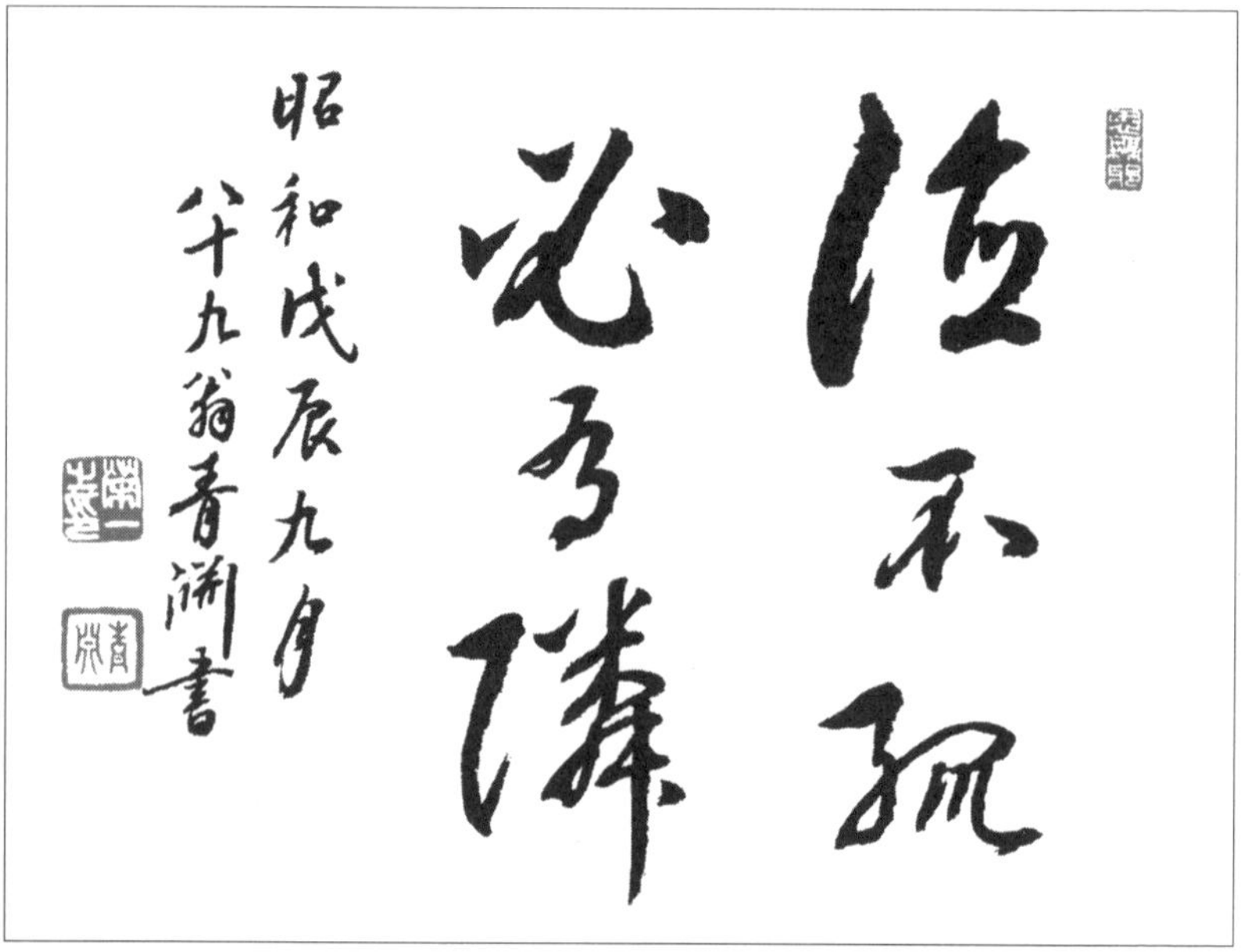

徳不孤必有隣

徳《とく》　孤《こ》ならず　必《かなら》ず隣《となり》あり

（現代語訳）
（孔子が言った）「人格の優れた道徳のある人は決して孤立しない、必ず親しい仲間が集まってくる（ものだ）」（『論語』里仁篇《りじんへん》）

昭和戊辰《ぼしん》九月　　八十九翁　　青淵書《せいえんしょ》

注：「青淵《せいえん》」は渋沢栄一の雅号。生家の近くの深い淵にちなんで、栄一が一八歳のころ、尾高惇忠《おだかじゅんちゅう》が名付けた。

『処世の大道』に就いて

渋沢　敬三

祖父栄一が明治の初年以来、育成した事業はその数およそ数百に及ぶであろう。その努力の厖大《ぼうだい》なることは、人々がみなこれを認識されているので、私が彼是《かれこれ》申すに及ばぬが、私として一言したいのは、祖父が人々からその存在を認められてきたその根底はどこに在るかについてである。

祖父が座右《ざゆう》の書《しょ》として常に手放さなかったものは『論語』一巻であることも、知る人ぞ知ると云えるわけであるが、祖父一代の活動において種々の事件なり、人事関係なりに遭遇《そうぐう》せしに際し、依《よ》って以《も》って処理せし中に『論語』の精神が常に躍動していたに違いないと見て取ったのが、二〇有余年間にわたり祖父より最も愛顧《あいこ》をうけていた野依秀市《のよりひでいち》君その人である。

その故に野依君は『論語』の一章一句について、祖父の実験処世の上よりしての感想解釈を語らしめて、これを六年〔編者注、実際は八年間〕の長きにわたって「実業之世界」誌上に連載したものであった。これを後に纏《まと》めて『処世の大道』と題し、世に送ったのである。

本書の初版は、祖父在世中の昭和三年九月に発行されたものであるが、その後絶版の形であったのを、祖父の二十三回忌に際し、野依君が祖父を想起し、且つ時勢を嘆じ、以って今こそ本書発刊の必要を痛感されたとして、改版増刷を見るについて、私に一言感想を述べよと請わるるままに、一文を草した次第である。

大方の諸賢これを諒《りょう》とせらるれば、幸甚《こうじん》これに過《す》ぐるものはない。

昭和二八年一二月

凡例

一、本書は、渋沢栄一『処世の大道』〈実業之世界社、一九二八〉のなかから、渋沢栄一と『論語』とのかかわりを示す代表的な一五話を選び、現代語に表記したものである。また、『処世の大道』が一九五四年に再版された際に加えられた渋沢敬三の序「『処世の大道』に就いて」を収録した。

二、出版に当たり、旧字・旧仮名を新字・新仮名に改め、難字にはルビをふり、難解な表現には意味を〔 〕で補い、長文の段落などに適宜改行を行うなど、編集上の補いをした。

三、登場人物の年齢表記は、原本の数え歳表記を踏襲し、『論語』および『大学』『中庸』などからの引用は「漢文」を削除し、「読み下し文」にルビを振り、「現代語訳」を加えた。

四、今日の人権上の観点からすると、不適切と考えられる表現もあるが、歴史的な史料としての価値に鑑み、原本通りとした。

二〇二四年一一月

目次

第一話　論語主義を信奉する理由

論語に親しむようになった機縁

なにゆえに私が孔子『論語』に親しみ、これを服膺《ふくよう》し〈心にとどめて忘れないこと〉、今日のように日常生活の規矩準縄《きくじゅんじょう》〈規《き》はコンパス、矩《く》は物差し、準《じゅん》は水盛り、縄《じょう》は墨縄のことで、物事の規範の意〉とするようになったのかについて、あるいは世間の人びとは、不思議に思われるところであろう。なぜそうなったのか、その理由について、まず幼年時代に私が受けた教育内容から話さなければならない。

明治維新前における教育は、どこでも主として漢籍《かんせき》〈中国の古典〉によるものである。江戸城下などでは、初めに『蒙求《もうぎゅう》』〈児童・初学者洋の教科書。唐の李瀚撰〉や文章ものを教えたようにも聞いている。しかし、私の郷里〈今の埼玉県深谷市〉ではまず初めに『千字文《せんじもん》』や『三字経《さんじきょう》』〈漢字三文字で生き方の知恵や教えを説いた、初学者向けの学習書〉のようなものを読ませて、それが済むと四書五経《ししょごきょう》に移り、文章ものはその後になってから、ようやく教えたものである。『文章規範』や『唐宋八家《とうそうはっか》文《もん》』のごときものを読み、歴史物の『国史略』や『十八史略』や『史記列伝』なども この間に学び、『文選《もんぜん》』〈中国の周から梁に至る千年間の詩文集。知識人の必読の書の一つ〉まで読めるようになれば、それで一通りの教育を受けたこととされたのである。

私は数え年七歳の時に、まず父から『三字経』を教えられ、八歳になると私より一〇歳年上であった従兄の尾高惇忠《じゅんちゅう》から、『大学』『中庸《ちゅうよう》』『論語』『孟子《もうし》』などの四書を教えてもらうことになった。私に四書を教えてくれたこの従弟の妹「千代」を、私は後《のち》に妻とすることになる。私が『論語』に親しむに至ったそもそもの発端は以上のようなものである。

なぜ『論語』を推挙するのか

同じく孔子の教えを遵奉《じゅんぽう》〈固く守ること〉するにしても、強《し》いて『論語』に依拠する必要はなかろうとか、『大学』ではどうか、『中庸』はどうかとの懸念を持たれる方々もおられると思うが、『大学』はその冒頭に、

古《いにしえ》の明徳《めいとく》を天下《てんか》に明《あき》らかにせんと欲《ほっ》する者《もの》は、先《ま》ず其国《そのくに》を治《おさ》む。

昔の聖人の徳を広く天下に明らかにしようとする人は、まずそれに先立って国をよく治

めた。

とあるほどで、「治国平天下《ちこくへいてんか》〈国を治めて、さらに天下を平和に安んずること〉」を主眼としている。そこから順を追って、「斉家《せいか》〈家を治めること〉」や、「修身《しゅうしん》〈身を修めること〉」を説いており、どちらかと言えば政治向きに関する教訓が主体である。

また『中庸』の説くところは、それよりもさらに一段高いところに立って観察した意見が多い。たとえば、

　中和《ちゅうわ》を致《いた》せば、天地《てんち》位《くらい》し、万物《ばんぶつ》育《いく》す。

　　極端ではなく、偏らない節度ある道を実践すれば、天地は安定し、万物が健やかに育つ。

とか、

　鳶《とんび》飛《と》んで天《てん》に到《いた》り、魚《うお》淵《ふち》に踊《おど》る。

　　鳶が天高く空を飛び、魚が水の中で踊っている。すなわち、鳶も魚も、あるがままの自然な姿で自由にその生を楽しんでいる。

などの句があるほどで、どちらかというと哲学的である。「修身斉家《しゅうしんせいか》」の道にはやや遠いと思われるところがある。

しかし、『論語』はことごとく日常の処世に応用できる教えというべきもので、朝《あした》に勉強すれば、

夕方には直《ただ》ちに実行できる道を説いている。特に、『論語』郷党篇《きょうとう》においては、寝てから起きるまでの、飲食や衣服のことから座り方や歩き方まで、ほとんど漏らさずに教えている。これこそが、私が孔子の教えを遵奉《じゅんぽう》する〈固く信じ守ること〉にあたって、『大学』『中庸』に依拠せず、特に『論語』を服膺《ふくよう》し〈心にとめて実践すること〉、その教えに悖《もと》らない〈背《そむ》かない〉ことを孜々《しし》〈真剣につとめ励むさま〉として努力している理由である。

私は、『論語』の教えさえ守って暮らしていれば、人は誰でも良く身を修め、家を整え、大きな間違いもなく、一生を送ることができるものと信じている。

『論語』を実践《じっせん》躬行《きゅうこう》する

世間には、徳の高い禅師にお願いして、禅の教えの提唱《ていしょう》〈禅宗での説法のこと〉を聞く信心深い人もおられるが、私は最近、宇野哲人《てつと》先生〈一八七五〜一九七四。中国哲学者〉に依頼して、家族一緒に毎月一回、『論語』の講義を拝聴している。しかし、私は単に講義を聞くのを楽しみとしているだけではない。もちろん不肖ゆえに、いくら努力しても及ばないところも多いに相違ないが、『論語』にある孔子の教えの、一つひとつを身につけ、及ばずながらも実践躬行《じっせんきゅうこう》〈自分で実際に実践すること〉を心がけてきたつもりである。この意味において、私が『論語』に対する姿勢は、世間の人々とは多少趣《おもむき》を異《こと》にして、『論語』の章句をそのまま、今日まで処世の実際に活用することに努めてきたと言っても過言ではないと思う。

私は明治六年〔一八七三〕に、官界《かんかい》〔大蔵省〕を辞職して実業の世界に入った。畢竟《ひっきょう》するに〔煎じ詰めれば〕、国を強くするためには国を裕福にしなければならない、国を富ますためには商工業を盛り上げなければならないと信じたからである。当時はまだ「実業」という言葉はなく、これを「商工業」と称したが、私は商工業を盛り上げるためには、小資本を合わせて大資本にする「合本《がっぽん》組織」、すなわち「会社法」によらねばならないと考え、会社を作る方面に力を注いだのである。

さて、いよいよ会社を経営することになれば、第一に必要なのが人〔有能な人材〕である。明治初年のころ、政府の肝《きも》いり〔世話を受けること〕で創始された為替会社や開拓会社といった組織が、全てうまくいかずに失敗に終わったのは、当事者に相応《ふさわ》しい人物に恵まれなかったからである。会社の当事者に有能な人物を得て、事業を成功させようとすれば、その人物に行動の指針となる規矩《きく》準縄《じゅんじょう》〔規則、手本、法則〕がなければならない。また、私としても、そのような規矩順縄がなければならないことに気が付いたのである。

論語主義は明治六年から

当時はまだキリスト教が普及していなかった。私はもとよりキリスト教がどのようなものであるかを知らなかったし、仏教に関してもほとんど知らなかったから、私は実業界に身を投じるにあたって、規範とすべき規矩準縄《きくじゅんじょう》〈規則、手本、法則〉をキリスト教や仏教より学ぶわけにはいかなかったのである。

しかし、儒教すなわち孔子の教えならば、無学ながら私も幼少のころより親しんできたものである。特に『論語』には、日常生活に処する道が一々詳しく説かれているので、これに拠《よ》りさえすれば万事に間違いなく、何か判断に苦しむことが起こっても、『論語』という尊い尺度を物差しとして決断すれば、過ちを犯す心配はないと信じ、明治六年〈一八七三〉に実業に従事するようになって以来、このように尊い物差しがあるのに、これを捨ててほかのものに頼ろうなどと迷う必要はないと思いつき、それからというもの『論語』を拳拳服膺《けんけんふくよう》〈胸中に銘記して忘れず守ること〉して、その実践《じっせん》躬行《きゅうこう》に努力することにしたのである。

『論語』には実業家にとって金科玉条《きんかぎょくじょう》〈金の玉のごとき法律の意。大切に守らねばならない重要な法律・規則〉とすべき教訓がたくさんある。例えば『論語』の、

富《ふ》と貴《き》とは是《こ》れ人《ひと》の欲《ほっ》する所《ところ》なれども、其道《そのみち》を以《もっ》てせざれば之《これ》を得《う》るも居《お》らず、貧《ひん》と賤《せん》とは是《こ》

れ人《ひと》の悪《にく》む所《ところ》なれども、其道《そのみち》を以《もっ》てせざれば之《これ》を得《う》るも去《さ》らず。

富〔財産〕や高い身分〔地位など〕は誰でも欲しがるものであるが、其の道〔正しい道、例えば勤勉とか高潔な人格など〕によって得たのでなければ、守る価値がない。貧乏や低い身分は誰でも嫌うものであるが、其の道によって得たのであれば、そこから無理に這い上がろうしないでも良い。〔『論語』里仁篇《りじんへん》〕

などはその良い例で、実業家がどのようにして世に立ち、身を処していくのかを明確に説き教えられたものである。また、同じく『論語』の、

利《り》によって行《おこな》えば怨《うら》み多《おお》し。

利益だけを考えて行えば、多くの怨みを買うことになる。〔『論語』里仁篇《りじんへん》〕

などの名句もある。そのほか、枚挙にいとまがないほどで、実業家の日常生活において守るべき教訓が、『論語』には非常に多いのである。

明治維新前の商工業者

これほどまでに、実業家が規範とするに足る教訓が、『論語』には満ち満ちているにもかかわらず、明治維新の前は農業や商業や工業などの実業に従事する人々には、少しも文字〔学問〕の素養がな

かった。越後屋とか大丸といった大きな老舗になると、文字〈学問〉の知識がある人を「角《かく》い文字を知っているから」と称して、なんとなく危険視して店員に採用せず、文字〈学問〉の素養のない人ばかりを採用していたものである。

したがって、「角《かく》い文字」で書かれた『論語』その他の素養で、身を修め家を治めることに役立つさまざまな書籍が、士大夫《したいふ》〈中国での官吏の呼称。日本では武士や公家・僧侶などの知識階級〉にだけ多く読まれて、実業家の間では読まれなかった。その結果は悲しむべきこととなり、本来、実践して身を修めるために説かれた孔子のせっかくの教訓と、実際の社会に必須の要素である実業との間に、ほとんど何のつながりもなくなり、『論語』のごときも、実業家が日常の仕事に対するうえの指南書とならずに、『論語』の思想と実業における行動とが別々になってしまったのである。

維新後に外国との交通が開けたのに伴って、商工業者も品位を高めなければならなくなったのであるが、そのためには知《ち》と行《ぎょう》〈知識と行動〉を一致させて、商工業などの実業に従事する人にも、その規範とすべき道を知らしめ、実際の商工業を営むようにさせなければならないと私は感じたのである。

しかしこの目的を達するには、維新前まで士大夫《しだいふ》の間だけで読まれていた『論語』が、いたずらに文字面《もじづら》だけを研究する弊害に陥っていたので、私は孔子の聖典を実際の実業に結び付けて読むようにし、これを実践するのが何よりであると考え、最も処世に適切である『論語』を私自身が読み、またほかの実業家にも読んでもらい、「知行合一《ちぎょうごういつ》」によって実業の発達をはかり、国を豊かに強くし、天下に平和をもたらすように努力しなければならないと信じたのである。

私が『論語』を信奉し、その教訓を実際の実業で応用することを心がけるようになった一つの理由は、実にここにある。実業をいつも政府の肝《きも》いり〈世話を受けること〉ばかりに任せておいては、実業は決して発達しない。民間に品位の高い知行合一の実業家が現れ、率先して実業の発達に当たるようにしなければならないと感じたことこそが、私を『論語』の信奉者にさせたとも、いい得ると思う。

儒教は宗教なのか

『論語』がどのようなものであるかを説く前に、一つ考えておかねばならぬことは、孔子の教え、すなわち儒教は、宗教なのかどうかという点である。現在のところ、我が国においては意見が二つに分かれている。

文学博士の井上哲次郎氏〈一八五五〜一九四四。哲学者〉は、孔子教は半《なか》ば宗教で、少なくとも宗教らしいものであると主張しておられる。これに対して、法学博士の阪谷芳郎《さかたによしろう》氏〈一八六三〜一九四一。

大蔵官僚・政治家。渋沢栄一の次女琴子の夫〉は、全く宗教ではなく、孔子は単に実践道徳を説いただけに過ぎないと論駁《ろんばく》し、今なお論戦中で、いずれとも決着がついたわけではない。

『論語』に、

天《てん》の将《まさ》に斯文《しぶん》を滅《ほろ》ぼさんとするや、遅《おく》れて死《し》する者《もの》は斯文《しぶん》に与《あずか》ることを得《え》ず、天《てん》の未《いま》だ斯文《しぶん》を滅《ほろ》ぼさざるや、匡人《きょうじん》夫《そ》れ予《われ》を如何《いかん》せん。

天がこれまでに築き上げてきた文化を滅ぼそうとするならば、〈私をここで滅ぼして〉後世の私たちが文化の何たるかを知らぬようにしてしまうだろう。しかし、天がこの文化を滅ぼさないのであれば、匡《きょう》の人たちが、私に危害を加えようとしても、何もできないだろう。〈『論語』子罕篇《しかんへん》〉

とあるが、「斯文《しぶん》」とは、孔子がその当時の世に伝え、後世に残していこうとした「先王の道」を指したもので、この一文の意味は、聖人の道〈孔子以前の立派な人が残してきた道〉を滅ぼそうとするのが、もしも天の意志ならば、私〈孔子〉は匡《きょう》の人々に殺されるかもしれない。しかし、私がまだその事業〈先王の道を伝えること〉を成し遂げないうちに殺されてしまえば、後世の人は聖人の道である「斯文」を知ることができなくなる。聖人の道を滅ぼしたくないという天の意志がある間は、「斯文」を伝えることを天職とする私は、決して匡の人々の手によって殺されるはずはない、というのである。このところに、孔子が天に対する信仰があったことが、わずかに見えている。

『論語』に書かれた九ヶ所の天の教え

『論語』には子罕《しかん》篇のほかにも、孔子が天について説いたところがある。

(2) 為政《いせい》篇の「五十《ごじゅう》にして天命《てんめい》を知《し》る」〈五〇歳にして、天から与えられた使命を知った〉

(3) 八佾《はちいつ》篇の「罪《つみ》を天《てん》に獲《う》れば、祈《いの》る所《ところ》なし」〈天に対して罪を犯したなら、どこにも祈ることはできない〉

(4) 公冶長《こうやちょう》篇の「夫子《ふうし》の性《せい》と天道《てんどう》とを言《い》うは、得《え》て聞《き》くべからず」〈先生が人の性質と天の道理について教えられるところは、(あまりにも奥深くて) とても普通には聞いていられない〉

(5) 雍也《ようや》篇の「予《よ》の否《いな》む所《ところ》のものは、天《てん》これを厭《す》てん、天《てん》これを厭《す》てん」〈私に良くないところがあれば、天が見捨てるであろう、天が見捨てるであろう〉

(6) 述而《じゅつじ》篇の「天《てん》、徳《とく》を予《よ》に生《しょう》ず、桓魋《かんたい》、夫《そ》れ予《よ》を如何《いかん》せん」〈天が私に徳(世を徳化する資格)を授けられた。桓魋《かんたい》(宋の国防大臣で孔子を憎み、孔子一行を殺そうとした) ごときが、どうすることができようか〉

(7) 泰伯《たいはく》篇の「堯《ぎょう》の君《きみ》たるや巍々乎《ぎぎこ》たり。唯天《ただてん》を大なりとす」〈堯は君主として巍々乎《ぎぎこ》(見上げるほ

ど高い山のさま）のように、実に偉大であった。ただ天だけを偉大であるとして見習われた〕

（8）憲問《けんもん》篇の「天《てん》を怨《うら》まず、人《ひと》を咎《とが》めず、下学《かがく》して上達《じょうたつ》す、我《われ》を知《し》る者《もの》は夫《そ》れ天《てん》か」〔たとえ不運でも、天を恨んだり人を咎めたりせず、身近なことから修養を修めていく。そんな私を理解してくれるのは天だけだ〕

（9）陽貨《ようか》篇の「天何《てんなに》をか言わんや。四時《しいじ》行《おこな》われ、百物生《ひゃくぶつしょう》ず、天何《てんなに》をか言《い》わんや」〔天が何を言うだろうか。四季は巡って万物は成長している。天が何を言うだろうか（何も言わなくても、教えられているのだ）〕

以上のように、『論語』では全編を通じて、天に言及したところが九ヶ所ばかりある。特に、八佾《はちいつ》篇の「罪《つみ》を天《てん》に獲《と》れば祈《いの》る所《ところ》なし」を深く検討してみると、孔子がいかに天を信じ、またこれこそが孔子の信仰であったことは明らかである。孔子の教え〔孔子教〕はまさに宗教の一つとすべきだと、井上博士が主張した根拠である。

これに対して阪谷博士は、総合的に見て、宗教には礼拝・祈祷〔お詣りとかお祈り〕などの形式が具備《ぐび》されねばならないと、法律〔宗教法人法など〕に定められているにもかかわらず、孔子教にはこの形式がない。ゆえに孔子教は宗教と言えないのだと反駁《はんばく》するのであるが、私は今、にわかにはどちらの説が是か非かを言えない。しかし、私自身は孔子教を宗教であるとは思っていない。実際の人生に処するにあたっての規矩順縄《きくじゅんじょう》〔規則、手本、法則〕を説き示されたものとして、孔子教を遵奉《じゅんぽう》し、『論語』によって世渡りの道を実践躬行《じっせんきゅうこう》〔自分で実際に実践すること〕に努めたいのである。

孔子はどのような人か

孔子は『史記』〔二十四史の一つ〕や『世家』〔諸侯の家の記録〕にも書かれているごとく、今から二千年以上前に、魯《ろ》の襄公《じょうこう》二二年に昌平郷《しょうへいきょう》という里《さと》に生まれた。初めは倉庫係あるいは畜産などの役人になったが、成績はどれも目を見張るようなものであった。三五歳のころ、魯で乱〔クーデター〕が起き、昭公《しょうこう》〔第二五代君主〕が斉《せい》の国に逃れたので、その後を追って斉に行った。すると斉の景公《けいこう》が孔子を抜擢して大いに用いようとしたが、反対者がいて登用されなかったので、再び生まれ故郷の魯の国に帰った。

しかるに四三歳になった折に、魯は昭公を追放した季氏《きし》の天下となった。このとき孔子は季氏に仕えようとしたのだが、たまたま陽虎《ようこ》という者が反乱を起こしてまた国が乱れたため、ついに仕官することができなかったのである。ところが、五一歳になったときに、季氏に背《そむ》いて立った公山弗《こうざんふつ》擾《じょう》〔季氏の家臣〕が孔子を配下に加えようとした。このときもまた、一度は仕えようとしたが、ついに家臣に加わることはなかった。その後も孔子は諸国を遍歴し、諸侯に仕えてみたのだが、いずれも自分の志を実行するのにふさわしい場所がなく、哀公《あいこう》一一年、まさに六八歳の時に再び魯に帰ってきた。

それから七三歳で世を去るまでは仕官することを断念し、門弟を教育して道を伝えることのみに力を注いだが、六八歳になるまでは志が主に政治方面にあって、周の時代を復興し、王道を天下に取り戻したいと熱心に考えていたのだと、推測されるのである。

孔子の志を察するに余りあり

五〇歳にしてすでに天命《てんめい》〈天から与えられた使命〉を知ったという孔子ほどの人物が、魯で反乱を起こした季氏《きし》に対して反旗を翻した弗擾《ふつじょう》に、いかに召《め》されたからといって、仕官しようとしたのは、まるで道義をわきまえない行動のようにも思われる。また、いろいろな所で仕官を希望したことを見ると、どこか焦っているようにも思われる。当時の周囲の状況を少し注意してみることができれば、諸侯や士大夫〈各国の身分の高い人〉の中に、かの管仲《かんちゅう》〈春秋時代の斉の賢相。法家の祖〉を登用してその志を成就した桓公《かんこう》のごとき明君がいないくらいのことは、わかりそうなはずである。これが分からずに、諸国を遍歴して仕官を望んでいたとすれば、孔子はいかにも観察力のない人であったかのように思われる。

孔子はもとより、これらのことを十分に承知しておられたであろうが、志を成し遂げることに恋々《れんれん》たる〔未練がましい〕ようであったのは、孔子が自分の志の達成に熱心であったためである。どこでも構わぬから、自分の志によって王道の模範を示すことができる所でありさえすれば、どこにでも仕えてみたい、今度こそは自分の志を成し遂げることができるかもしれない、理想とする周の時代を復興して、人民が鼓腹《こふく》する様子〔世の中に善政が行われて、人びとが平和を楽しんでいる様子〕を実現したいと、勃勃《ぼつぼつ》たる〔盛んに起こり立つ〕熱心な思いがあったからである。孔子の心情は察するに余りある。

孔子の志は殊に生まれ育った魯の国を、再び周の最盛期に戻したいというところにあった。孟子が伝えるところによれば、孔子が魯の国を去る時には、志が行われないために他国を去る時のような平然とした様子で怩々《じじ》〔恥じ入るさま〕として、いかにも去りにくそうにして去ったということである。

渋沢にも孔子の志あり

孔子に対しては、年老いて六八歳になるのを待たず、政治の世界に恋々《れんれん》せず〔未練なく〕、早々と見切りをつけて、門弟の教育に力を注ぎ、道を伝えることに腐心していた方が、良かったのではないかと考える人が多い。同じように私に対しても、あまり世間のことに関わらず、すでに老人なのだから、静かに引きこもって修身斉家《しゅうしんせいか》〔身を修め、家を治める道〕を説くだけくらいにしておけば良かろうと思う人々もいるだろう。

しかし、私は自ら孔子をもって任ずるつもりは元よりないが、孔子がもしや自分が出仕《しゅっし》したら、その国の政治が良くなるかもしれないと思って、召されればどこにでも仕えたように、老人の私でも出て行って奔走すれば、もしや少しでも世間のお役に立つことができるかもしれないと思う心があるのである。それだから、電灯問題が起これば これに顔を出したり、アメリカの問題があるといえばそれにも関係したり、中国との外交で事件が起こったとならば、これにもまた顔を出したりするようになるのである。要するに、孔子が自分の志に忠実であった姿に学んだので、多少でも日本国の利益や国民の幸福のために貢献したいと思っているのである。

円満な孔子

とかく、古来の英雄とか豪傑とか言われる人には、他に抜きん出た非凡な長所や特色がある代わりに、また大きな欠点が見い出されるものである。しかし、孔子にはこれが非凡の長所であると指摘できるものもないと同時に、また一つの欠点さえないのである。全てにおいて円満に発達し、全てが非凡であると同時に、全てが平凡でもあって、全く欠点がないのである。これを称して「偉大なる平凡」とでもいうべきものであろうかと思う。

孔子も自ら卑事《ひじ》〈低俗な事柄〉にも通じていると申されたほどで、何ひとつ世の中のことで知らないことはなかったのである。史記世家《しきせいか》にもあるごとく、六芸《りくげい》〈礼節、音楽、弓術、馬術、数学、経書〉に通じており、馬を御《ぎょ》したり、弓を射ることさえ心得られて、何事にも習熟されていた。

『論語』の郷党篇《きょうとう》にもあるように、孔子が大廟《たいびょう》〈天子や諸侯の始祖を祭っている場所〉に入られるや、事あるごとに細々《こまごま》と質問して教えを受け、そのあとに始めて進退《しんたい》〈立ち居振る舞いをすること〉するので、傍《かたわ》らにいた人が、

「もしや、大廟の礼を孔子は心得ておられぬのか」

と尋ねてみると、

「そうではない。このように細々《こまごま》と尋ねた上で進退するのが、大廟における礼なのだ」

と答えられたほどで、礼楽《れいがく》〈礼儀作法と音楽〉はもとより、後年には『春秋』〈五経の一つ〉を著して、歴史に対する造詣も非常に深かったことを示しておられる。

要するに、孔子には欠点がなく、何事にも精通した円満な人物で、常識が非常に発達した人であ

った。だから、私は孔子に学んで、『論語』にある教訓を遵奉《じゅんぽう》してさえいれば、世間に出ても非難されることのない、常識の発達した人物になれると信じている。また、孔子の教訓は大いなる常識に他ならないものだから、誰でも学んで実践躬行《じっせんきゅうこう》〈自分で実際に実践すること〉できるのである。

この孔子の教えは、孔子より孟子に伝えられ、その後韓退之《かんたいし》〈唐宋八家の一人、韓愈《かんゆ》の字《あざな》。七六八～八二四〉などもこれを伝えたようであるが、一時はあまり世に行われず、宋の時代になってから復興を見るにおよび、朱子《しゅし》〈朱熹《しゅき》。南宋の大儒で、宋学の大成者。一一三〇～一二〇〇〉のごとき学者が現れて、四書の朱氏集註のごとき注釈書を見るに至ったのである。しかし、これより先に古註というものもある。日本には古註本も朱子集註本も共に渡来したが、徳川時代には朱子集註が最も広く行われたものである。

第二話　論語は実践の教訓

学而《がくじ》第一の冒頭

子曰《しいわ》く、学《まな》んで時《とき》に之《これ》を習《なら》う、亦《ま》た悦《よろこ》ばしからずや。朋《とも》あり、遠方《えんぽう》より来《きた》る、亦《ま》た楽《たの》しからずや。人知《ひとし》らずして慍《いか》らず、亦《ま》た君子《くんし》ならずや。

孔子は言った。学び、時にこれを復習することは、愉快なものである。友人が遠くから訪ねて来てくれることは、さらに愉快で楽しい。人が私の能力を見る力がなかったとしても、憤《いきどお》らない。それが君子というものだ。〔『論語』学而篇《がくじへん》〕

この章句は、『論語』の冒頭に説かれているので、筑前《ちくぜん》〔現在の福岡県北西部〕の学者である亀井道載《かめいどうさい》先生〔亀井南冥《なんめい》。一七四三～一八一四。儒学者・医師〕の著した『論語語由《ろんごごゆう》』などによっても明らかなように、処世の上でとても大切な教訓である。全体の章が「学んで」と「朋あり」と「人知らずして」の三段に分かれ、一見その間に何の脈絡《みゃくらく》もないかのように思われるが、これらは互いに離すことのできない連絡がある。「学んで時に之を習う、亦た悦ばしからずや」とは、「斯文《しぶん》」〔この学問やこの道。特に、儒教の道や学問をいう〕たる聖人の道を学び、修め習うということは、たとえ一人で行っても悦ばしく愉快なことである、という意味である。

その上でなお、遠方から来た友人と共に、自ら習い修めた道を語り明かし、共に切磋琢磨《せっさたくま》して道に進んでいけるようになり、たとえ二、三人でも同志が増えるということは、さらに一層愉快で悦ばしいことであると言わなければならない。これが、「朋《とも》あり、遠方より来る、亦《ま》た楽しからずや」の意味である。

世間に知られないことを憂うな

すでに自ら習い修めた道を、二、三人の友人になりとも伝えて、共に語って楽しむことができるようになり、さらにこれを衆人《しゅうじん》〔多くの人びと〕に伝え、それが天下に行われるようになったならば、一層悦ばしく愉快であるに違いないが、さてこれを衆人に伝えて天下に行おうとすれば、世間がその教えを受け入れてくれず、人々は容易にその道の何たるかを理解してくれないだろう。しかし、「世間が理解してくれず、人が知ってくれないからといって、仮にも君子になるための修行をする者は、これに腹を立てて怒るべきではない」というのが「人知《ひとし》らずして慍《いか》らず、亦《ま》た君子ならずや」の意味である。

けれども凡人は、とかく自分のせっかくの志が人に知られず、世間に行われないとなると、腹を立てて憤ったり、気を腐らせて悲観したりするものである。そんなことをしてはならないというのが、この「学而篇《がくじへん》」の冒頭にある章句の教えである。

私は今日まで、及ばぬながらも『論語』のこの教えを体現して、自分の尽くすべきだけのことを尽くしさえすれば、たとえそれが人に知られず、世間に受け入れられようが受け入れられまいが頓《とん》着《ちゃく》なく、決して怒ったり、腹を立てたり、悲観したりするようなことはないようにしてきたつもりである。

知《ち》と行《ぎょう》は別物ではない

私が『論語』を服膺《ふくよう》〈心に留めて忘れないこと〉して、今日までその教えを実地に行ってきたことを語った「論語処世談」がこの雑誌〈『実業之世界』〉に掲載されるのを読んで、今の青年子弟諸君が、果たしてどのような感想を抱くかは、私も切実に知りたいと思うところである。しかし『論語』の教えは、単にこれを論じたり批評したり、あるいはまた単に、これをありがたく尊い教訓だとして一方の高いところに片付けてしまい、尊敬するだけで過ごすべきものではない。しかし、とかく今の世の中には、知〔学問や教養〕と行〔行動などの実際の行い〕を全くの別物として取り扱い、「孔子はかくかく説かれたが、世の中の実際は、そうそう聖人の教え通りにいくようなものではない」などと勝手なふるまいに出る人が多いように思われる。これは、私が非常に遺憾《いかん》〔残念、気の毒〕に感じていることである。

中国にも、孔子より少し遅れて、墨子《ぼくし》〔墨翟《ぼくてき》。前四七〇頃〜前三九〇頃。〕が出てきて「兼愛《けんあい》の説」〔すべての人間を無差別に愛するべきであるとする説〕を唱え、また楊子《ようし》〔楊朱《ようしゅ》。前三七〇頃〜前三一九頃〕が現れて、墨子に反対して「自愛《じあい》の説」〔為我《いが》説。自己の欲望を満足させることが、自然に従うものであるとする説〕を主張した。当時の中国北部の学者が主に孔子の説を継いだのに対して、南方の学者は孔子より少し先立って表れた老子《ろうし》〔李耼《りたん》〕の「無為《むい》説」〔人為を排して、自然のなりゆきにまかせることが天の道であるとする説。儒教の仁義中心主義や形式主義に対立する教え〕を継ぐ者が多かったのである。しかし、いずれも学説の上でのみ争ったもので、これを実地に行ったというのではない。

したがって、無為説でも兼愛説でも自愛説でも、議論の上からだけであれば、どのようにでも面白く述べ立てることができるに違いないが、孔子の『論語』にある教えは、ただ議論をするために組み立てられた所謂《いわゆる》「説」というものとは全く趣《おもむき》を異《こと》にする。

士大夫《したいふ》〈士大夫は旧中国における支配階級の称。古代社会には天子・諸侯の下に大夫・士があり、その下に被支配階級として庶民があったという伝えに基づく。士大夫の語の意味は時代によって異なり、のちには知識階級や科挙《かきょ》に合格して官職にある者を指すようになった〉・庶民《しょみん》から匹夫匹婦《ひっぷひっぷ》〈身分が低く教養のない男女〉に至るまで、あらゆる階級の人が、実地に躬行《きゅうこう》する〈自ら行う〉ために説かれたもので、他の空理空論《くうりくうろん》とは根本の性質において異なるのである。

ゆえに、孔子の説は少しも一方に偏《かたよ》ることがなく、まず「仁」を主としているには違いないが、「仁」ばかりでは実地に臨んで去就《きょしゅう》〈身の処し方。進退〉に迷う者を生じる恐れがあることを、あらかじめ慮《おもんぱか》って「仁」と並び「義」も説いたのである。それでもなお、誤解を抱く者の出ることを憂《うれ》えたようで、仁・義・礼・智・信の五常を人倫《じんりん》の根本とし、これを『論語』の中で併せて説いている。

今の賢者の処世振りを悲しむ

このことについては、かつて法学博士の穂積陳重《ほづみのぶしげ》氏〈一八五五〜一九二六。法学者〉も論じられたように記憶するが、墨子の「兼愛説」のような、ちょっと聞いたところではいかにも面白く感じられ、いかにももっともらしく思われ〔またその中にある真理も含んでいるに違いないが〕、さてこれを引っさげて実地に臨めば、往々にして行き詰まりになってしまうのである。たとえば、今日の国際上にまで墨子の「兼愛説」を押し広めて行おうとすれば、その結果は果たしてどうなるであろうか。思い半ばに過ぎるものがある。

ここに至ると、孔子が『論語』によって説いた仁・義・礼・智・信の五常の道は、今も昔も誤りなく、誰に施しても道理に背《そむ》くことなく、座っている時にも立っている時にも、行うべき実際の処世に最も適切な教訓であるということになる。

孔子とほとんど同時代の中国においてさえ、孔子の教訓は単に一種の学説として取り扱われていたほどである。ましてや、今日の我が国においてこれを単に学説のように取り扱い、

「いかにも結構な教えである」

と言うだけで、これを実際に施して躬行《きゅうこう》する人が少なく、「聖人の教えは聖人の教え、実際の処世は実際の処世」と別々に分けて考える人たちが多くなったのも、怪しむには足らないことである。たまたまこれを実地の処世の上に躬行した人がいるかと思えば、それは中江藤樹《なかえとうじゅ》先生〔一六〇八〜一六四八。儒学者〕や、あるいは熊沢蕃山《くまざわばんざん》先生〔一六一九〜一六九一。儒学者〕とか——蕃山先生は多少治政のことに関係もしたが——のごとき、いわゆる「道学先生」〔世の中に疎《うと》く融通のきかない学者を軽

蔑していう語〉である。実際の社会とはかけ離れた立場の人たちのみが、『論語』に説いている孔子の教えの実行者になっているのは、いかにも遺憾である。

近ごろの実業界などで、すこし忙《せわ》しく立ち回ろうとする方々になると、その根本の考えが私などとはまるで違う。仁義は仁義で隅の方に押しつけておき、儲けることは儲けることで、全く仁義の観念から離してしまい、勝手に日常の去就進退《きょしゅうしんたい》〈今後の進路や身の振り方、対応の方法など〉を決め、

「聖人の教えや『論語』の教訓をそのまま実行したのでは、とても世の中を渡れるものではない」

「金儲けなどできるものではない」

「事業に成功するなどは思いもよらないことだ」

と考えているように見受けられる。

特にはなはだしい人たちになると、心は仁義を無視した行動に出ようとしながら、それではあまりにも自利主義のようにみえて世間体が悪く、あれこれと非難を受ける恐れがあるからといって、孔子の説いた仁義に拠《よ》ろうとする心は露《つゆ》ほども無くして、かえって自分で勝手な真似をする行動の方に仁義を引き寄せ、仁義をして自分の行いを弁護させる道具に使って世間の手前だけを繕《つくろ》おうとしている。心から真に仁義を行おうとする精神が無く、うわべばかりの仁義で世の中を渡ろうとしている人がいる。

しかし、聖人の道は、このように実地を離れて片隅に押しつけておくべきような性質のものではなく、錙銖《ししゅ》〈わずかなこと。古代中国の目方の単位で、一〇〇粒の黍《きび》を一銖《いっしゅ》として二四銖を一両、八両〈または六両〉を錙《し》としたところから、わずかの意〉の利を争いつつある時にも、人は仁義を実地に行っていけるものである。いや、仁義を根本にして商工業を営めば、あえて争うようなことをしなくとも、利は自ら懐《ふところ》に入ってくるものである。世の中は全て分業で、学者は学理を研究して新しい学理上の法則を発見し、治者《ちしゃ》〈一国を統治する者。統治者〉は政治上に新しい意見を立て、国家の繁栄を図るようになっている。ちょうどそのように、商工業者は商工業を営んで利を上げ、孔子の『論語』に説かれている道に合致していけるものである。

論語はことごとく実践《じっせん》躬行《きゅうこう》の教えである

私は、『論語』によって孔子が説いた教えは、ことごとく実践躬行〈自分で実際に実践すること〉のためにあるもので、士大夫《したいふ》・庶民《しょみん》より匹夫匹婦《ひっぷひっぷ》に至るまで、あらゆる人が行うことができ、また行うべきものであると信じている。

孔子の精神を体現し、今日まで実地に行ってきたつもりであるが、もとより不肖《ふしょう》の凡夫《ぼんぷ》で、孔子のような聖人には及びもつかないため、私の一言一行《いちげんいっこう》〈一つの言葉と一つの行い〉が全て知行合一《ちぎょうごういつ》〈知ることと行うことは分離不可能であるとする考え。陽明学の基本的思想〉だとは申しあげられない。特に壮年以来、身を磊落《らいらく》〈心が広く、小事にこだわらないこと〉に持つ慣習のあったために、『論語』にある孔子の教えをそのままに行ってきたとは広言しかねる。及ばないところばかりで慚愧《ざんき》〈恥ずかしく〉に感じるが、明治六年〈一八七三〉に実業界に身を投じて以来、少なくとも実業の上においては、不肖ながら、『論語』の教えをそのままに我が身に行ってきたと断言することができる。

私は今日でも、また今日までも、どんな人からの訪問を受けても、支障がない限りは必ず喜んで面会をする。決して面会を謝絶するようなことはしない。こんなことは一些事《いちさじ》〈つまらないこと。わずかばかりのこと〉のようであるが、せっかく訪ねて来てくださったのに、面会を断られるようなことがあると、誰でも何となく不愉快で面白くない感じを催すものである。

私は自分の行いで、人様にこのような不快を与えたくはないと思うから、どなたにでも面会するのである。面会してお話を聞き、なにか相談でもあれば、自分でできることならば「できる」、できないことならば「できない」、よろしいことならば「よろしい」、よろしくないことならば「よろしくない」と自分の意見を言って、少しも隠すとか、偽るとか、包むとかいうことのないようにしてきたものである。事業に当たる際も同様で、偽るとか包むとか、体裁を繕《つくろ》うとかいうことをせずに、全て孔子が『論語』に説いている教えを、実地に行うことのみに心を尽くしてきた。

このように、私が『論語』の教えを処世の実際に行うようになったことについては、やや余談にわたる怖れがあるが、私が実業界に身を投じるに至った経路を簡略に述べなければならない。私が実業界に身を投じるに至った経路は、前にも述べたように、『論語』によって世に処し、『論語』をものさしにして実業界のことに当たろうと決心するに至った経路であるからである。

第三話　商工業における仁の道

孝悌《こうてい》と三省《さんしょう》との功徳

これから『論語』学而篇《がくじへん》の章句について、処世の実際上に感じたことを、いささか申し述べることにする。

有子《ゆうし》曰《いわ》く、其《そ》の人《ひと》となり孝弟《こうてい》〔悌《てい》〕にして、上《かみ》を犯《おか》すことを好《この》む者《もの》は鮮《すくな》し。上《かみ》を犯《おか》すことを好《この》まずして、乱《らん》を作《な》すを好《この》む者《もの》は、未《いま》だ之《こ》れ有《あ》らざるなり。君子《くんし》は本《もと》を務《つと》む。本《もと》立《た》ちて道《みち》生《しょう》ず。孝《こう》弟《てい》なるものは夫《そ》れ仁《じん》の本為《もとな》るか。

孔子が言った。その人となりが父母に孝行し、兄弟思いであれば、〔社会に出ても〕目上の者に逆《さから》うことを好む者は少ない。目上の者に逆うことを好まない者が君主に反逆し、反乱を起こすことはない。教養ある者は〔人としての〕根本の修養に努める。根本が確立す

れば道〔生き方〕が分かる。父母への孝、兄弟思いということが仁〔人倫道徳〕の根本なのだ。〔『論語』学而篇《がくじへん》〕

有子《ゆうし》〔孔子の晩年の弟子・有若《ゆうじゃく》〕は孔子十哲の一人ではないが、『論語』の序文にも、『論語』は有子《ゆう》と曾子《そうし》〔曾参〕などの門人たちの手によって編まれたものゆえ、孔子の弟子の中でも、有若《ゆうじゃく》と曾《そう》参《しん》とには特に「子《し》」の敬称を附し、有子《ゆうし》、曾子《そうし》と『論語』の中に書かれてあるほどで、有子の言には敬重すべきものが多く、私は頗《すこぶ》るこれを悦ぶものである。

さて人間はいかに智慧があっても、人情に純朴《じゅんぼく》〔人情に厚く、飾り気のないこと〕なところがないと、とかく悪いことをするようになり勝《がち》のものである。ゆえに、私は他人を頼《たの》むにしても、智慧があるよりも、人情に純朴で、わが家族に対し孝悌《こうてい》の道をつくす親切な心のある者を、つとめて採用することにしている。

孝弟《こうてい》の道を弁《わきま》え、親兄弟に親切な人でも、なかには悪いことをする者が絶無《ぜつむ》とはいえぬが、そういう人は少ないものである。もとより上《かみ》を犯す〔目上の者に逆《さか》らう〕ごときことは、はなはだ稀《まれ》である。上《かみ》を犯すを好まざる者は、乱をなすというようなことは「未《いま》だ之《こ》れ有《あ》らざる也《なり》」で、絶対にない。したがって人情に純朴な孝悌《こうてい》の道を弁《わきま》えた人々を集めて事業を経営すれば、ゴタゴタなどの起こる心配は、まずもって稀《まれ》であるといえる。

曾子《そうし》曰《いわ》く、吾《わ》れ日《ひ》に三《み》たび吾《わ》が身《み》を省《かえりみ》る。人《ひと》の為《ため》に謀《はか》りて忠《ちゅう》ならざるか。朋友《ほうゆう》と交《まじ》りて信《しん》ならざるか。習《なら》わざるを伝《つた》うるか。

曾子が言った。私は日に三たび、自分のしたことを反省する。人から相談されて十分に誠意を尽くしたか。友だちと交際して誠実でなかったか。よく学んでいないことを〔受け売りで、弟子たちに〕教えたのではないか、と。

曾子は孔子の弟子の中でも、私のはなはだ気に入っている人物であるが、私は曾子のここに説かれてあるごとく、一日に三度我が身を省《かえりみ》るというほどまでには参らなくても、人のために謀《はか》ってやらねばならず、友人に対しては信義をつくさねばならず、また孔子より教えられた道を閑却《かんきゃく》〔打ち捨て、なおざりにすること〕せず、常に〔身を〕修めていかねばならぬということを、忘れずに心がけている。当今《とうこん》〔このごろ。当節〕の人にはこの心がけが不足のようである。

人のために忠実に謀《はか》り、友人に信義を尽くし、聖人の道を修めるに汲汲《きゅうきゅう》としてさえいれば、人は怨みから遠ざかることができて、決して他より怨まれるものではない。私が訪問を受けさえすれば、誰彼《どなた》にでも面会し、隠し包むところなく意見を申し述べるのも、この章句をいささか身に体して行いたいからである。

「伝《つた》えて習《なら》わざるか」の句を、「他人に聖人の教えを伝えておきながら、自分ではこれを修めぬようなことがないか」という意味に解釈する人もあるが、やはり、「他より教えられておりながら、ただ聞いたのみで、実行を怠《おこた》っているようなことはなかろうか」という意味に解釈するのが宜《よろ》しかろうと思われる。

礼と和とはどのようなものか

有子曰《ゆうしいわ》く、礼《れい》の用《よう》は和《わ》を以《もっ》て貴《たっと》しとなす。先王《せんおう》の道《みち》斯《こ》れを美《び》となし、小大之《しょうだいこれ》による。行《おこな》われざる所《ところ》あり。和《わ》を知《し》って和《わ》するも、礼《れい》を以《もっ》て之《こ》れを節《せっ》せざれば亦行《またおこな》うべからざる也《なり》。

有子が言った。「礼〔冠・婚・葬・祭などの儀式の礼式・作法〕を行うには調和・協調性が大事である。古代の先王たちの政治もそれでこそ見事であった。〔しかし〕小事も大事も調和を大事にしても上手くいかないこともある。調和・協調性を活かすとしても、折り目正しい礼式・作法でけじめをつけなければ、上手くいかないものだ」〔『論語』学而篇《がくじへん》〕

ここに有子がいう「礼」とは、普通の言葉における礼《れい》とその意味を異《こと》にし、すこぶる広い意義の礼を指したもので、そのうちには『礼記』にある礼を総《すべ》て含んでいるものと見るべきである。したがって、この句にある礼の一字中には、周の刑制《けいせい》のこともまた含蓄《がんちく》されてあるのだが、礼の精神が和にあるのを忘れては礼が礼にならず、かえってこれがお互いに疎隔《そかく》〔親しみを失ってへだたること〕する原因になってしまうものである。

刑の根本などにおいても、和をもって精神とし、これを執《と》り行うことにせねばならぬものである。しかしまた、和があまりにすぎると互いに狎《な》れてかえって不和となり、世の中の秩序を紊《みだ》すことにもなるから、そこは礼をもってこれを節して参らねばならぬもので、中庸《ちゅうよう》を得たるところに真の和があるのである。

有子《ゆうし》曰《いわ》く、信《しん》 義《ぎ》に近《ちか》ければ、言《げん》 復《ふ》むべし。恭《きょう》 礼《れい》に近《ちか》ければ、恥辱《ちじょく》に遠《とお》ざかる。

有子が言った。「信〔朋友との付き合いや約束など〕の内容が、正義や道理に反するものでなければ、ことばどおりに履行してもよい。恭《きょう》〔相手への丁重さ〕が礼儀・作法に外れなければ、恥をかくこともない」〔『論語』学而篇《がくじへん》〕

いかに信は重んずべきものであるからとて、不道理な約束をしておいて、これを履行《りこう》するというのはよろしくないことである。道理に適《かな》った正しい約束であればこそ、ここにはじめて人間はこれをあくまで履行《りこう》せねばならぬという信が生じてくるものである。そうでなくて義に近づかざることでも何でも、信を立てて約束を守らねばならぬということになれば、泥棒をする約束でも何でも履行せねばならぬというわけになる。過日も興信所員の訪問を受けたから、よくこのことを話して、正しい約束を重んじる信の念を盛んにするようにせねばならぬものである、と申し述べた次第である。

また、恭虔《きょうけん》〔うやうやしくて慎み深いこと〕も結構なことではあるが、礼をもって節せずにその度を失するようになれば、卑屈となって恥辱《ちじょく》を受け、そのうえ、姦《かん》〔よこしま〕であるとの譏《そしり》をさえ受けねばならぬようになる。処世の実際に臨んで、これらの点はいずれも深く注意すべきものであるから、有子《ゆうし》はこの章句にあるごとく説かれたのである。

学者に対し刺戟となる

私のような学問もない者が、『論語』についてのお話をするのを世間のある一部からは、渋沢はこれによって美名《びめい》を売らんとしているのだろう、などと取り沙汰されぬとも限らぬが、私には美名を得んために『論語』を担《かつ》ごうとするような心事《しんじ》〔心に思うこと〕は微塵《みじん》もない。またもとより学識に乏しい私のことゆえ『論語』にある字句の説明や意義の解釈などで、学者諸先生に追いつこうとしても、それはとうていできぬ業《わざ》である。しかし私は決して空理空論《くうりくうろん》をお話致しはしない。すべて実地に行ってきて、処世上に益を得た点のみにつき申し述べるのである。

昨今は、学者先生方のうちにも、末松謙澄《すえまつけんちょう》博士〔明治から大正期の政治家・歴史家。一八五五〜一九二〇〕とか、あるいは井上哲次郎《いのうえてつじろう》博士〔明治時代の哲学者。一八五六〜一九四四〕とか、『論語』のことをいろいろと論議される方々も大分多くなったようである。これには私どものごとき全く無学の素人《しろうと》が、始終なんのかのと『論語』を引き合いに出して談論したことも、多少与《あずか》って力あるものと信ずる。私のごとき薄徳《はくとく》なる者といえども、絶えず『論語』の話をしておれば、それが多少でも刺戟になって、学者先生方の深遠なる議論となり、ひいては一般世間をして孔子の教訓《おしえ》に心を寄せることにもなるので、風教《ふうきょう》〔徳行をもって教え導くこと〕のために幾分かの利益〔役立ち、ためになること〕があるものと惟《おも》う。

今日に行われぬ教訓

『論語』の章句のうちにも、時代の関係から今日《いま》の世には直ちにそのまま適用できないものがある。しかし、時代に関係のない個人個人の行為についての教訓《おしえ》は、今日《いま》においてもまた千載《せんさい》〔千年。長い年月〉の後においても、万古《ばんこ》変わることなく直ちに実行し得らるるものである。『論語』を読む者は、予《あらかじ》めその教訓中に、単に孔子在世時代における時世を救うために説かれたものと、人として万世《ばんせい》にわたり守らねばならぬことを説かれたものとの別があるのを、心得て置かねばならぬ。

私の『論語』についての談話は空論を避け、主として孔子の教訓《おしえ》を実地に臨み、いかに守り行うべきかの工夫と、これに伴う実験とを申し述べるのを主意とするから、私が自身で行おうとして試みても、薄徳《はくとく》のため実行のできぬようなことは、毫《ごう》〈ほんのわずか〉も隠し包むところなく、

「できぬ、達せぬ」

と申し述べて憚《はばか》らぬのである。しかし実地に臨んで『論語』にある教訓をそのまま実行しきったところもまた少くないから、この点についての談話は、今の青年子弟諸君に多少裨益《ひえき》するところがあろうと信ずる。

仁とは何ぞや

仁《じん》については、孔子も『論語』のうちにいろいろと説かれてあって、ところどころに仁の文字が散見する。これを狭義に解釈すれば、人に対して日々親切を尽くしてやるというような、簡単な意味になってしまうが、これを広義に解釈すれば、『論語』雍也篇《ようやへん》に弟子の子貢《しこう》が、

若《も》し博《ひろ》く民《たみ》に施《ほどこ》し、能《よ》く衆《しゅう》を済《すく》う有《あ》らば如何《いかん》。仁《じん》と謂《い》う可《べ》きか。

もし広く人民に恩恵を施し、多くの人を済うことができましたなら、最高人物・仁者と言えますか。〔『論語』雍也篇《ようやへん》〕

と孔子にお尋ねすると、

何《なん》ぞ仁《じん》を事《こと》とせん。必《かなら》ずや聖《せい》か。

それは仁者どころではない。聖人というほかない。〔『論語』雍也篇《ようやへん》〕

と答えられてあるのでも解るように、済民《さいみん》のことすなわち治国平天下《ちこくへいてんか》が仁であるということになる。

また、『文章軌範』に輯録《しゅうろく》されてある韓退之《かんたいし》〔韓愈。唐宋八家の一人。七六八〜八二四〕の一文「原道」の冒頭には、

「博《ひろ》く愛《あい》する之《これ》を仁《じん》と謂《い》い、行《おこな》って之《これ》を宜《せん》する之《これ》を義《ぎ》と謂《い》う。之《これ》に由《よ》って之《ゆ》く之《これ》を道《みち》と謂《い》う。」

とあるほどで、道徳の大本《たいほん》〔基本となる根本的なもの〕になるものはまた仁である。仁は決して小さな私徳《しとく》〔個人または自己に関する道徳〕にのみ限るべきものではない。公徳《こうとく》においてまたこれを体することにせねばならぬものである。

孔子は管仲《かんちゅう》〔春秋時代の斉《せい》の賢相。法家の祖。?〜前六四五〕の人物に感服しておられず、『論語』八佾篇《はちいっぺん》において、

管仲《かんちゅう》の器《き》は小《しょう》なるかな。

管仲の器量は小さいものだ。

とやや罵《ののし》らるられる〔非難する〕がごとき意味を漏らされたほどである。また孟子〔戦国時代の思想家。前三七二～前二八九〕のごときは、弟子の公孫丑《こうそんちゅう》の問いに応じ、

子《し》は誠《まこと》に斉《せい》の人《ひと》なり。管仲晏子《かんちゅうあんし》を知《し》るのみ。

そなたは〔管仲や晏嬰と同じ〕斉の人なので、管仲や晏子を知っているのみなのだ。

と答えられ、汝は斉の生まれで、同国出身故に両人を豪《えら》いと思うかも知らぬが、管仲や晏子は大して豪《えら》い人物でなかったぞ、と諭《さと》されている。しかし、管仲の社会上尽くした功は孔子もこれを没せられず、『論語』憲問篇《けんもんへん》において、

管仲《かんちゅう》微《な》かりせば、吾其《われそ》れ髪《かみ》を被《こうむ》り衽《じん》を左《ひだり》にせん。

管仲がいなければ〔外国の侵略を受け〕髪も散《ざん》ばら髪で、〔着物の〕襟《えり》も左前に着るようになっただろう。〔『論語』憲問篇《けんもんへん》〕

と、管仲が風俗改良に致した功を頌《たた》え、

「其《そ》の仁《じん》に如《し》かんや、其《そ》の仁《じん》に如《し》かんや〔その行動こそ仁であろう、その通りだ〕」

と、天下を統一し風教を興《おこ》した管仲の働きを仁であると賞《しょう》されている。これによって見ると、治国《ちこく》

平天下《へいてんか》の道もまた仁の中《うち》であることがいよいよ明らかになる。

商工業における仁の道

孔子の時代は、今日《いま》のごとく商工業の盛んな時代でなかったものだから、『論語』のうちにも、孔子は商工業を営むに当たっての実地の方法、すなわちいかにして商品を作り、また売るべきものか、商業道徳とはいかなるものであるか、などの細節《さいせつ》〈細かい部分、細部〉にわたって毫《ごう》〈ほんの少し〉も説かれておらぬ。しかし、仁はすでに道徳の大本《たいほん》〈基本となる根本的なもの〉で、人と人との相交《あいまじ》わり相接《あいせっ》するにも、また国家を治めて天下を平《たいら》かにするにも、みな仁が本《もと》になるものであるとするならば、実業においても仁が本《もと》にならねばならぬはずである。政治にも仁が必要、各個人の日常の交際にもまた仁が必要であるものなら、独《ひと》り実業にのみ、これが必要でないというはずがあるべきでない。

真正《ほんとう》に仁を行おうとすれば、国の政治も改善し、風俗も改良して行かねばならぬことになるのだが、それは誰でも力を尽くしさえすれば直ぐに達成できるというわけのものでない。それぞれの順序がある。しかし国民がみな私徳とともにまた公徳を重んじ、実業にもその意をもって当たるようにすれば、仁が自然《おのず》と行われて、国家の品位を高め得ることになる。私は会社を経営するに当たっても、単にその衝《しょう》に当たる当事者が利するのみではいけない、もちろん、当該《その》会社の利益を謀《はか》らねばならぬが、同時に、これによって国家の利益、すなわち公益をも謀《はか》らねばならぬものと信じ、今日《いま》までその方針で万事《ばんじ》に処してきたつもりである。一に、孔子が『論語』に説かれた広義の仁を実地に行わんとするの意《い》にほかならぬ。仁にはまた義の伴わねばならぬものであることは、既に申し述べ置いた通りである。

巧言令色と直言との利害

子曰《しいわ》く、巧言令色《こうげんれいしょく》、鮮《すくな》し仁《じん》。

孔子は言った。「ことば巧みにお世辞笑いをするような人に、少ないものだよ、最高道徳の仁は」と。〔『論語』学而篇《がくじへん》〕

これも『論語』学而篇《がくじへん》にある句だが、どうしても心に偽《いつわ》りのある者は、直言することの能《で》きぬようになるもので、他人の悪いところを見ても、これを直言せずに、言を巧《たく》みにし色を善《よ》くして、その人に接することになる。このような巧言令色《こうげんれいしょく》の人といえども、もちろん仁のない私徳・公徳を無視する者ばかりとは限らない。ゆえに孔子も絶対にないとは言わずに「鮮矣《すくなし》」といわれている。し

かし、大体の上から見れば、『論語』子路篇にも、

子曰《しいわ》く、剛毅朴訥《ごうきぼくとつ》、仁《じん》に近し。

孔子は言った。「まっ正直で、志が高く、飾り気がなく、口下手な人は、仁に通じるものだ〔『論語』子路篇《しろへん》〕

と説かれているほどで、巧言令色《こうげんれいしょく》の人よりも剛毅朴訥《ごうきぼくとつ》、直情径行《ちょくじょうけいこう》、他人《ひと》の悪を見ればこれをそのまに棄《す》て置かず直言するものに、私徳・公徳を重んずる人が多いように私は思うのである。直言はもとより結構のことに相違ないが、直言するについてはよく時と場合とを考え、また直言するについての形式にも注意せねばならぬものである。何でも他人《ひと》の悪を見つけ次第、直《ただ》ちにこれを包むところなく無茶苦茶に言ってしまいさえすれば、それが仁の道に適《かな》うものだと思うのは、はなはだしい心得違いである。ここにおいてか、孔子も他のところでは、

訐《あば》きて、以《もっ》て直《ちょく》と為《な》す者《もの》を悪《にく》む。

〔他者の秘密などを〕暴露して、それを正直《せいちょく》〔ただしく、まっすぐなこと〕と考えている者は憎む〔べき者である〕。〔『論語』陽貨篇《ようかへん》〕

と戒められているほどで、所かまわず他人の弱点を挙げ、これを衆人の目前に暴露したりするのは、仁に近い剛毅朴訥《ごうきぼくとつ》というよりも、むしろ礼を知らぬ乱暴の極《きわみ》というべきもので、これは血気に逸《はや》り

やすい青年子弟諸君の大いに慎まねばならぬ点である。巧言令色《こうげんれいしょく》と礼とを混同することが悪いように、徒《いたず》らに他人の非を摘発して直言するのも、また悪いことである。

三省と記憶力の増進

『論語』学而篇《がくじへん》に曾子が説かれている、「日に三省《さんしょう》せよ」との教訓《おしえ》については、前にも一寸《ちょっと》申し述べて置いたが、これは、単に品性の涵養上に利益があるばかりのものでない。私の経験によれば、記憶力を増進する上にも、少なからぬ効果《こうか》がある。

一日の仕事を終わって床についてからでもよいから、その日にどのようなことをしてきたかを静かに想い回らすことになれば、もし他《ひと》のためにはかって忠ならざりしことや、友人に対して信義の足らなかったこと、ないしはまた他人にのみ道を守るべきを強《し》いて、自ら修《おさ》むるところの足らなかったことなど、ありありと皆心に浮かんできて、今後かかる過《あやま》ちを再びせぬようにとの気を起こし、身を慎む上に大効《たいこう》〔大きな効果〕がある。同時にまたその日にあったことが一々記憶の上に展開されてくるために、これを順序よく心意《あたま》のうちに揃えて、一目に検閲することにもなり、深い印象が脳に残って自然《おのず》と容易に忘れ得られぬものになる。

「三省《さんしょう》の法《ほう》」は、このように記憶力を増進する上にも効果のあるものゆえ、たとえ徳性の修養のためでないにしても、毎晩床に入ってからとか、あるいはまた、翌朝になってから、とにかく自分が一日にした仕事について考えて見るやうにしなさいと、私は、時折り私の子女たちにも申し聞かせるが、さて、実行はなかなかむずかしい様子である。しかし、私は曾子のいわゆる三省の実行を、ぜひ今の青年子弟諸君にお勧めしたいのである。

記憶強健なる所以《ゆえん》

世間では、私が性来《うまれつき》、非凡の記憶力を持ってでもいるかのように噂されるが、私とて別に非凡の記憶力があるのでもなんでもない。ただ曾子《そうし》のいわゆる三省の法を実行して、たとえ三省とまではいかぬにしても、一日の仕事を終わっていよいよ寝床につくという前か、あるいは翌朝に、一度心意《こころ》の中に、一日中にあったことをすべて再び想い浮かべて顧《かえりみ》ることにいしているからで、それが多少深い印象になって、心意《あたま》に残るだけのことである。

たとえば昨日（大正四年六月二〇日）は、事務所へ第一銀行の佐々木勇之助氏が尋ねてきて、楼上《ろうじょう》でいろいろ銀行の業務に関する相談をして、昼食を共にし、それから事務所の家屋の取り広げについて屋外に出で、敷地の模様を検分し、決定すべきを決定したが、来客の数はすべてで一四人で、一々これに接し、いろいろ話すうちに、末には雑談となり、四方山《よもやま》の世間話に移り、ついに揮毫《きごう》を余儀なくされて、二〇枚ばかりに悪筆を揮《ふる》い、帰宅したのが夜の一〇時すぎであった――このように今朝（六月二一日）になってから、一度昨日あったことを繰り返して心意《こころ》のうちで読んでおくと、そのことが不思議に永く忘れられなくなってしまうものである。記憶を強くするには、複雑な記憶法を研究するなどよりも、曾子《そうし》のいわゆる三省を実行するのがなによりである。

実行して余力があれば文を学べ

子《し》曰《いわ》く、弟《てい》子《し》入《い》りては則《すなわ》ち孝《こう》、出《い》でては則《すなわ》ち悌《てい》、謹《きん》にして信《しん》、汎《ひろ》く衆《しゅう》を愛《あい》して仁《じん》に親《ちか》づき、行《おこな》いて余力《よりょく》あらば、則《すなわ》ち以《もっ》て文《ぶん》を学《まな》べ。

孔子が言われた。「青少年は、家庭では孝につとめ、社会生活では目上の人を敬い、注意深く約束を守り、多くの人と親しく交わり、仁の実践に努めた上で、余力あれば古典などを学び教養を高めることだ」と。〈『論語』学而篇《がくじへん》〉

仁《じん》は前にも申し述べたごとく、道徳の大本《たいほん》であるが、これを実地に行うについては、どのようにすべきであるかというに、ここに孔子が教えられているごとく、まず手近いところから始めて、家にあっては父母に孝を尽くし、外に出ては朋友等に対し尽くすべきを尽くし、何事にも慎み深く、信義を重んじて偽《いつわ》らず、いかなる人に対しても愛情をもって接するようにしさえすれば、それが仁になるのである。このように、内外に対し尽くすべきを尽くしてなお余力があれば、文、すなわち文字の上の学問をせよというのが孔子の教訓《おしえ》である。

「行《おこな》いて余力《よりょく》あらば、則《すなわ》ち以《もっ》て文《ぶん》を学《まな》べ」

とのこの句は、大いに味うべきもので、内外に対し、尽くすべき道を尽くしもせずに、徒《いたず》らに文字の学問ばかりをしても、その人は実行の伴わぬ文字の人になってしまい、立派な人とは言われぬことになる。しかし当今の青年子弟中には実行に努めずして、行い余力あるに非《あら》ざるに、文を学ぶことにのみ専《もっぱ》らならんとする弊《へい》がないでもない。これは大いに戒《いまし》むべき点であろうと思う。ここに掲げた一章は、日常実地の行いについて、孔子の遺された教訓《おしえ》のうちでも根本的のもので、『論語』の骨子であると言えぬでもない。

家庭円満の基本は無邪気

子曰《しいわ》く。詩三百《しさんびゃく》一言以《いちごんもっ》て之《これ》を蔽《おお》えば、曰《いわ》く思《おも》い邪《よこしま》無《な》し。

孔子が言われた。『詩経』の三〇〇篇を、一言《ひとこと》でまとめれば、心に邪念がない、ということだ。〔『論語』為政篇《いせいへん》〕

これは為政篇《いせいへん》にある章だが、五経のうちの『詩経』は、その昔天子が諸国の風俗民情を知って施《し》政《せい》の参考に供せんとし、寄せ集めた民謡やその他の詩篇より成ったものである。孔子の時代には、それが三千余篇ばかりあったところを、孔子が刪修《さんしゅう》〔字句などを削って改め、整えること〕して三一一篇に集約され、さらに秦の始皇帝が書を焚《た》かれた時に、またそのうちから六篇だけ散逸してしまい、現に三〇五篇のみが残って今の『詩経』を作《な》しているのである。

『詩経』開巻の第一には、

「関々《かんかん》たる雎鳩《しょきゅう》は河《かわ》の洲《す》に在《あ》り、窈窕《ようちょう》たる淑女《しゅくじょ》は君子《くんし》の好逑《こうきゅう》」

とあるが、これは周の文王《ぶんおう》が大姒《たいじ》と仰せらるる妃を納《い》れられた時に宮人の謡《うた》った詩で、君子が容色の美しい心情の貞淑な起居の床《ゆか》しい淑女を配偶されれば、家庭円満、和気藹々《わきあいあい》であるとの意にほかならぬ。しかもこれが『詩経』全篇の骨子で、一家和合の秘訣は、家族のものに邪念のないことである。

家族のものに邪念がなければ、自然と家が斉《ととの》い、家が斉《ととの》えば国も治まり、天下も平《たいら》かになって、広義における仁が行われることになる。故に、人はことに家にある時に、小児《こども》らしく無邪気になっていることが必要である。

第四話　渋沢は門戸開放主義

孝を子に強《し》いるべからず

孔子は、ここに挙げた『論語』為政篇《いせいへん》の章句によっても明らかなように、孝道《こうどう》〈孝行の道、親に仕える道〉のことについてしばしば説いている。しかし親から子に対して、「孝を励《はげ》めよ」と強《し》いるのは、かえって子を不孝の子に育てるようなものである。

子游《しゆう》、孝《こう》を問《と》う。子曰《しいわ》く、今《いま》の孝《こう》は、是《こ》れ能《よ》く養《やしな》うを謂《い》う。犬馬《けんば》に至《いた》るまで、皆《み》な能《よ》く養《やしな》うこと有《あ》り。敬《けい》せずんば何《なに》を以《もっ》て別《わか》たんや。

子游が孝の意味について尋ねた。孔子はこう答えた。「近頃の孝行というのは、親をただ養い食わせているだけだ。しかし、人間は犬や馬に至るまで大事に飼育している。父母

に対して尊敬もせずにただ養っているだけでは、〔犬馬を養うのと〕どこで区別できようか」と。〔『論語』為政篇《いせいへん》〕

私にも子女《こども》が数人いるが、それが果たして将来どうなるものか、私には分からない。私も子供たちに対して時々、

「父母には、唯《た》だその疾《やまい》を之《こ》れ憂《うれ》えよ」

というようなことを説き聞かせもする。それでも、決して孝行を要求し、孝行を強《し》いるようなことはせぬようにしている。親は自分の思い方ひとつで、子を孝行の子にもできるが、また不孝の子にもしてしまうものである。自分の思う通りにならない子を、すべて不孝の子だと思うのは大きな間違いであり、

「皆な能《よ》く〔親を〕養う」

というだけならば、犬や馬のような獣類《じゅうるい》といえども同じようにやっていることである。人の子としての孝道は、そのような簡単なものではあるまい。親の思う通りにならず、絶えず親の膝下《しっか》〔庇護《ひご》のもと〕にあって、親を養おうとしない子だからといって、それは必ずしも不孝の子ではない。

父晩香の孝道論

このようなことを申すと、いかにも私の自慢話のようになって恐縮だが、実際のことなのではばからずにお話しする。確か、私が二四歳の時であったと思うが、父が私に向かって、
「お前の一八歳ころからの様子を見ていると、どうもお前は私《わし》と違ったところがある。読書をさせてもよく読み、また何事にも利発である。私《わし》の思うところから言えば、いつまでもお前を手元に留《と》め置いて、私《わし》の思う通りにしたいのであるが、それでは却《かえ》ってお前を不孝の子にしてしまう。だから、私は今後、お前を私《わし》の思う通りのものにせず、お前の思うままにさせることにした」
と申されたことがある。

いかにも父の申されたように、そのころの私は、文字《もんじ》の力〔学問などのこと〕の上からいえば、あるいは不肖《ふしょう》ながらすでに父より上であったかも知れない。また、父より多くの点で、優れたところもあったろう。そうであるのに、父が無理に私を父の思う通りのものに育てようとし、そうするのが孝の道であると、私に強《し》いるようなことがあったとしたら、私は却《かえ》って父に反抗したりなどして、不孝の子になってしまったかもしれない。

幸いにそのようなことにもならず、及ばぬうちにも〔不充分ながら〕不孝の子にならずに済んだのは、父が私に孝行を強要せず、寛宏《かんこう》の精神〔広い心〕をもって私に臨み、私の思うままの志《こころざし》に向か

って進ませて下さった賜物《たまもの》である。孝行は、親がさせてくれて初めて子ができるものであって、子が孝をするのではなく、親が子に孝をさせるのである。

子に対する考え

父がこのような考えをもって私に対応してくださったため、私も自然とその感化を受けたのであろうか。私も、我が子に対しては、父と同じような態度をもって臨むことにしている。私がこのように申すと、少しおこがましくもあるが、どちらかと言えば、父よりも多少優れたところがあったので、父と全く異なる生き方をして、父と違ったところがあったからこそ、父のようにはなれなかったのである。

私の子女《こども》たちは、将来どうなるものか、もとより神でもない私には断言することなどできないが、今のところは、とにかく私と違ったところがある。これは、私と父が違っていた違い方と反対で、どちらかと言えば私より劣っている方である。私よりも劣るので、私と違っているのである。しかし、そのように私と違うのを責めて、

「私の思う通りになれよ」

と子女《こども》たちに強《し》いてみたところで、それは、そのように注文して強《し》いる私の方が無理である。

「私の通りになれよ」

と私に強いられても、私のようになれない子女《こども》は、どうしてもなれないはずのものである。それなのに、なおも強いて子女《こども》たちを全て私の思う通りにしようとすれば、子女《こども》たちは私の思う通りにならないばかりか、不孝の子になってしまう。私の思う通りにならないからといって、子女《こども》たちを不孝の子にしてしまうのは、忍びないことである。

ゆえに私は、

「子が孝をするのではない。親が孝をさせるようにしてやるべきものだ」

という考えで子女《こども》たちに臨み、子女《こども》たちが全て私の思うようにならないからといって、これを不孝の子だとは思わないようにしている。

客に接する二通りの見地

『論語』についてのお話をすることにしておきながら、これまでお話したところは、どちらかというと『論語』の章句についてよりも、余談の身の上話になってしまったようである。しかし、これも『処世の大道』という題目〔書名〕の上から考えれば、必ずしも無益ではなくて、多少は青年諸君のご参考になろうかと思う。

また、『論語』の章句をいちいち追っていき、逐章講義《ちくしょうこうぎ》をするようなことは、浅学の私には到底できないばかりか、それをお聞きになる方《ほう》でも興味は少なかろうと信ずる。よって、今後も『論語』の章句の中で、私を最も深く感動させ、また私の深く感銘しているものをポチポチ抜いて、私の実験〈実体験〉を取り混ぜながらお話しいたすことにする。

いったい人が人と接するに当たって、抱く心持ちには二通《ふたとお》りある。その一つは、「何でも赤いものを見たら火事と思え。人を見たら泥棒と思え」といったような調子で、会う人や見る人を、ことごとく皆自分に損をかけに来た人、自分から何かを盗もうとして来た人、自分を欺くために来た人だと思って接する心持ちである。

もう一つは、ちょうどこれと反対に、会う人や見る人を、すべて皆誠意ある人としてもてなし、自分もまた誠意をもって接する心持ちである。人によって、客に接する方法はこの二つに分かれる。

虚偽・欺瞞の接客法

他人《ひと》から何事かを依頼されれば、十中八、九までは依頼した方《ほう》の利益になるが、依頼されてこれを引き受けた当人には、多少とも損失がかかることになるものである。損失とは、必ずしも金銭上の損失を意味するものではないが、時間を損するとか、あるいはまた直接自分の利益にもならないことのために特別の注意を払って、面倒を見てやらねばならないということになるものである。

また、多くの人に接するうちには、うわべだけはいかにも敬虔《けいけん》を装って、いわゆる巧言令色《こうげんれいしょく》（言葉をうまくかざり、顔色をつくろうこと）、たとえば私が『論語』のお話でもすると、これに相槌《あいづち》を打って、至極《しごく》ありがたそうに謹聴《きんちょう》しているが、内心では侮蔑《ぶべつ》をもって私を見ており、

「渋沢も、馬鹿なことばかり言っている男だ。勝手に話させておけば喜んでいるから、聞いてやるんだ」

といったような心持ちで、外と内で違っている人がいないとも限らない。さらにいっそうはなはだしい、邪《よこしま》な心を持った人になると、あいつをうまく騙して煽《おだ》てあげ、自分の利益を謀《はか》るようにしてやろうなどと企まないとも限らない。

たくさんの人の中には、このようなよからぬ性根《しょうね》の人も少なくないので、ついに、

「赤いものを見たら火事と思え」

「人を見たら泥棒と思え」

というような諺《ことわざ》までが、できるようになったものと思われる。しかし、赤いものを見さえすれば、すべてこれを火事と思うように、見る人をことごとく泥棒と思って接することになれば、自分の心持ちにもまた誠意がなくなり、

「あいつは俺を騙《だま》しに来たのだから、騙《だま》されないように、こちらから裏をかいてやれ」と、偽《いつわ》りに接するのに偽りをもってし、巧言令色《こうげんれいしょく》を迎えるに巧言令色をもってするようになる。このように、互いに騙《だま》し合って、背後《うしろ》で舌を出しているようにでもなると、世の中は全く治まりがつかぬことになり、世道人心《せどうじんしん》〈世の道徳とそれを守る人の心〉におびただしい悪影響をおよぼし、世間の風潮がはなはだ面白くないものになってしまう恐れがある。

渋沢は門戸開放主義

私は、人に接し客を見るには、ことごとくこれを泥棒と思うような心持ちではなく、誠意をもって接し、正心《せいしん》〈心を正しくすること。また、その心〉を持って人と会見する。決して疑わずに、誠《まこと》をもって全ての人をもてなすのが、私の主義である。

世間にはまた、客の来訪を受けても、これに接するのをすこぶる億劫《おっくう》なものに考えて、初めて来訪した人に対しては、つとめて会わないようにされる方々《かたがた》もいる。特に、相当世間に名を成した偉い方などになると、一層この傾向がはなはだしい。

これは、私が知人の家を訪ねた際などに、親しく実際に見ることがあるのだが、来訪者があるのを召使いが主人に取り次ぎでもすると、

「今日は忙しいから会えない」

とか、

「いつ会えるか分からない」

とか、ないしは、

「当分会える日がない」

とか、特に忙しいことや用事もなさそうなのに、強《し》いて来客を断り、なんだか人に会うのを大変面倒なことに思っている方を見受ける場合が多い。すこし名のある人は、なるべく客に会うのを避けようとするのが、一般的な傾向である。

しかし、私はすでに述べたように、病気などのやむを得ない支障でもない限りどなたにでも、決して面会を謝絶せず、ご来訪くださる方には必ずお目にかかることにしている。これは、昔も今も変わらず、明治四年（一八七一）か、それ以前より今日まで実行してきたことである。

第五話　知らざるを知らずとせよ

理論と実験との併行

子曰《しいわ》く、学《まな》んで思《おも》わざれば則《すなわ》ち罔《くら》し、思《おも》うて学《まな》ばざれば則《すなわ》ち殆《あやう》し。

孔子が言われた。「知識や情報を教わるばかりで、自ら思索しなければ、その知識や情報を活用できない。〔しかしまた〕自分で思考するばかりで教えを学ばなければ、〔独断におちいって〕危険である」と。〔『論語』為政篇《いせいへん》〕

ここに掲げた章句は、学理ばかりで事に処せんとしては失敗する、実験ばかり信頼して学理を無視しても、同じくまた過失《あやまち》に陥りやすいものであるというのを、孔子が戒められたものと思う。「罔《くらし》」とは果たしていかなる意の文字であるか、無学の私にはこれを正確に解《かい》し得る力もないが、『朱子集註』に皇侃《こうかん》〔中国、南朝の儒者。四八八〜五四五〕の説として、

「精思《せいし》せざれば行用《ぎょうよう》〈実地の応用〉に至って乖僻《かいへき》〈食い違い、離れ離れになること〉す、是れ聖人の道を誣罔《ぶもう》〈いつわる〉するものだ」

とある。よって私の愚存《ぐぞん》〈自分の考え〉を以《もっ》てして、孔子の考えを忖度《そんたく》すれば、どれほどの理論上の学問ばかりしても、これを実地の経験に照らして考察熟思するところがなければ、結局その理論を実地に行い得ず、所謂《いわゆる》、「論語読みの論語知らず」になってしまう。さればとて、一にも二にも経験々々と経験ばかりを楯にして、学術が教えてくれる理論を無視するようでも、また闇の中を提灯なしで歩くのと同じで、はなはだ危険なものであるというのが、この章句の意味であろうかと思われる。

「学」の文字が果たして当今用いられる「学術」と同じ意義で、「思」の文字がまた果たして「観察」と同意義であるや否やは、今にわかに断言しかねるが、そのように解釈しても然《しか》るべきものであらうかと存ずる。人間はとかく一方に偏しやすい傾向のあるものゆえ、理論一点張りにも流れず、また経験一点張りにもあらず、よく孔子のこの戒《いまし》めをお互いに服膺《ふくよう》〈心にとどめて忘れないこと。胸中に留めて常に行うこと〉して、実験により理論の及ばざるところを補い、理論によって実験の到らぬところに達し、実地に臨んで事をするに当たり、失敗を招かぬようにしたいものである。

知らざるを知らずとせよ

子曰《しいわ》く、由《ゆう》や汝《なんじ》に之《これ》を知《し》ることを教《おし》えんか、之《これ》を知《し》るを之《これ》を知《し》ると為《な》し、知《し》らざるを知《し》らずと為《な》せ。是《これ》知《し》るなり。

孔子が言われた。「由《ゆう》〔子路《しろ》〕よ、お前に知るということを教えよう。知っていることは知っているとして、知らないことは知らないとする。それが知るということだ」。〔『論語』為政篇《いせいへん》〕

孔子が弟子の子路《しろ》、すなわち由《ゆう》に教えられたごとく、

「知らぬことを知らぬ」

といい、

「知ったことだけを知った」

で通すのが、智者のみならず総《すべ》ての人の取るべき最善の処世法で、そのようにして世に処すれば、至《し》極《ごく》簡単に世渡りもできるのであるが、さて実際に臨むと、それがなかなか困難で、知らぬことでも、知ったかのごとく見せかけようとするのが人の弱点である。

それがため弥縫《びほう》〔とりつくろうこと〕に弥縫《びほう》を重ねなければならなくなって、簡単に済ませる世渡

りを、好んで複雑なるものにし、強《し》いて自分で自分を足も手も出ぬようにしてしまい、自縄《じじょう》自縛《じばく》の羽目に陥るものである。知らざるを知らずとするのは、道徳上のみならず、処世法としても至極便利な法故《ゆえ》、青年諸君はすべからくこの点に注意し、知らぬことは飽くまでも知らぬで通し、決して自らを欺《あざむ》き、他人を欺こうなどとの不所存《ふしょぞん》〈思慮の足りないこと。不心得〉を起こすべきではない。

大西郷は偽《いつわ》らぬ人

維新のころの人々の中で、知らざるを知らずとして、毫《ごう》〈わずか〉も偽《いつわ》り飾るところのなかった英傑は誰であろうか、と申せば、やはり、西郷隆盛公《さいごうたかもりこう》〈一八二七〜一八七七〉である。西郷公は決して偽り飾るということのない、知らざるを知らずとして通した方であるが、そのためまた、思慮の到らぬ人々からは、往々《おうおう》誤解されたり、真意が果たしていずれの辺《へん》にあるか諒解されなかったりしたものである。これは一に西郷公が至って寡言《かげん》〈口かずの少ないこと。寡黙〉のお仁《ひと》で、結論ばかりを談《かた》られ、結論に達せられるまでの思想上の径路などにつき、余り多く口を開かれなかったためであろうかとも思う。

まず西郷さんの容貌から申し上げると、恰幅《かっぷく》の良い肥った方で、平生《へいぜい》はどこまで愛嬌があるかと思われたほど優しい、至って人好きのする柔和なお顔立ちであったが、一たび意を決せられた時のお顔はまた、ちょうどそれの反対で、あたかも獅子《しし》のごとく、どこまで威厳があるか測り知れぬほどのものであった。恩威《おんい》並び備わるとは、西郷公のごとき方を言ったものであろうと思う。

大西郷と豚鍋を囲む

すでに申し述べても置いたごとく、私が元治《げんじ》元年（一八六四）二月、京都において、一橋家に出仕するようになった当時、初めは奥口の詰番を仰付《おおせつ》けられたのだが、間もなく一橋家の外交部ともみるべき御用談所の下役に任ぜられ、俗に周旋方《しゅうせんかた》と申すものになって、諸藩より上洛する有志者や御留守居役などその間を往来し、その意見を聞いたり、諸藩の形勢を探知したりして暮らしたものである。そのうちに西郷公の処などにも私は尋ねて参って、しばしばお目にかかったのである。

そのころ、西郷公と私とはもとより非常な段違いであったが、私を前途少しは見込みのある青年だとでも思われたものか、いろいろ懇切に談話《おはなし》して下されて、時には、今晩鹿児島名物の豚鍋を煮《に》るから、一つ晩餐《ばんめし》を一緒に食って行かぬか、なぞと勧められ、同じ豚鍋に箸を入れて御飯の御馳走になって帰ったことも両三回はあった。

西郷公の談話《おはなし》は、稀《まれ》に慶喜公の御身の上にも及んで、

「慶喜公は確かに人材で、諸侯中にあれほどの者はないが、惜しいことに決断力を欠いてるから、

お前一人の力でどうするわけにも行くまいが、とにかくよく長上《うえ》の者にお前より話し込み、慶喜公に決断力をおつけ申すようにするが可《よ》い、然《しか》らば敢《あえ》て幕府を倒さずとも、慶喜公を頭《かしら》に立てて、大藩の諸侯を寄せ集め統率しさえすれば、幕府を今のままにして置いても、政治はやってゆける」などと談《かた》られたこともある。これが前にも述べ置いたごとく、私をして合議制の政治を夢みるに至らしめた所以《ゆえん》である。

御議事《ごぎじ》の間《ま》の会議

維新前における西郷公と私との間柄は、まず概略こんな次第であったが、維新後、私が新政府に仕官するようになってからも、いろいろのことで西郷公とは折衝する機会があったものである。

今の皇城は御炎上になってから後に御新築になったものであるが、まだ炎上せずに、もとの千代田城がそのまま皇居に充てられていた明治四年〔一八七一〕のことである。旧西丸にあった御能舞台《おのうぶたい》を修理してこれを御議事《ごぎじ》の間《ま》と名づけ、三条、岩倉、西郷、大久保、木戸、山県、伊藤、後藤〔象二郎〕等の諸公がこの御議事の間に出仕し、明治新政の将来に関し会議することになったのである。私は当時大蔵大丞《だいじょう》であったが、杉浦愛蔵と申す者と共に、御議事の間附の書記官のごとき役に当たる枢密権大史を兼務することとなり、御議事の間に出仕した。

この役目は一に大内史《だいないし》とも称せられたが、もとより小走り役のことであるから、議事に立ち入って彼是《かれこれ》と議論を上下《じょうげ》するわけには参らなかったのである。しかし、文案を立てたり、書類を整理したりするのが大内史の役で、時には間接に自分等の意見なども聞いてもらえたものである。

御議事の間では、君権はどこまで止《とど》めて置くべきものか、輔弼《ほひつ》の臣はどこまでその権能を行うことのできるものか、などとの事もおいおい議せねばならぬというので、とにかく、大権について議することであるから、一応、これに関し陛下《うえさま》の御裁可を仰いで置く必要があろうと、大内史たる私にこれに関する奏請文案の起草を命ぜられた。

大西郷曰く「戦《いくさ》が足らぬ」

私は御裁可を仰ぐべき奏請文案を、命《めい》により両三回起草して、御議事の間の方々の御覧に入れたが、

「ああでもない、こうでもない」

というので気に入らぬ。確か四回目の時だったと思うが、後藤象二郎さんが筆を入れて、いよいよほぼこれに決することに相成った。その日はどうしたものか、西郷公が定刻より大層遅れて出仕され、御議事の間に見えられたのが夕刻少し前の午後三時頃であった。西郷公の同意を得ねばならぬ

からとて、既に決してある文案に同意して印判を捺《お》すようにと、他の諸公から申し入れたが、西郷公はすこぶる不得要領の返事ばかりをされ、

「日本は維新後、まだ戦《いくさ》をすることが足らぬ。もう少し戦をせぬといかぬ。そんなことはおれはどうでも可《よ》い」

と曰《い》われて、話頭を他に転じてしまわれ、要領を諸公に得させず、どう勧《すす》めても、同意して判をつこうとはせられぬのであった。

私も三、四回まで稿を改め、ようやく採用になった文案でもあるのに、今更西郷公が判を捺《お》して下さらぬとなれば、折角の苦心も水泡《すいほう》に帰してしまうと思うものだから、傍《はた》で見ておっても気が気でなく、早く西郷公が「うむ」と曰《い》って判を捺《お》して下されば可《よ》いのにと、モジモジしておったが、西郷公はどうしても判を捺《つ》かれず、これがため、その奏請文案もついにお流れになってしまったのである。

大西郷の一言意味深長

ただに局外《はたた》にあった私ばかりではない、御議事《ごぎじ》の間《ま》に出仕する他の諸公とても気が気ではない。いずれも皆天下の泰平を冀《ねが》って政治諸般の施設を進めてやってるのに、西郷公は、

「まだ戦《いくさ》が足らぬ」

と曰《い》われたのであるから、驚いてしまって、何が何やらさっぱり要領を得ず、判を捺《つ》かせようと西郷公に迫れば、直《す》ぐ話頭を他に外《そ》らしてしまわれたものである。私などは、その時における西郷公のご真意が果たしていずれの辺にあるか、頓《とん》と解《げ》しかねたものである。

しかし、それから間もなく、その年の七月中旬に廃藩置県のことが決定布告になったので、西郷公が、

「日本は維新後まだ戦《いくさ》をすることが足らぬ」

と申された一言《いちげん》の意味を、始めて私も解し得られるようになったのである。すなわち西郷公は、何よりも廃藩置県を目前の最大急務なりと考えられたので、いよいよこれを実施する段になると、あるいは諸藩の中からこれに反対を唱えて乱を起こし、あるいは再び戦争になるようなことがあるかも測《はか》られぬと予想されて、

「まだ戦《いくさ》が足らぬ」

と申されたのであった。しかるにただ結論だけを談話《おはなし》になって、この結論に達するまでの筋道を詳細に説明せられぬものだから、他《はた》の者には何が何やら一向に解《わか》らず、ためにかく誤解されるようなことも往々あったものかと思う。西郷公の一言には、こんな風で常に意味深長のことが多かったも

のである。

大西郷の来訪

これも井上侯が総大将を承って采配を振り、私や陸奥宗光《むつむねみつ》伯、芳川顕正《よしかわけんせい》伯、それから明治五年〔一八七二〕に英国へ公債募集のため洋行するようになった吉田清成氏などが、専ら財政改革を行うに腐心最中の明治四年〔一八七一〕頃のことであるが、ある日の夕方、当時私が住居した神田猿楽町の茅屋《ぼうおく》へ、西郷公が突然訪ねて来られた。そのころ西郷公は参議というもので、廟堂ではこの上のない顕官《けんかん》〔顕要の官職、地位の高い官職。高官〕である。それが、私の如き官の低い大蔵大丞ぐらいの小身者を親しくお訪ねになるなど、すでに非凡の人物でなければできぬことで、誠に恐れ入ったものであるが、その用談は、相馬藩の興国安民法についてであった。

この興国安民法と申すは、二宮尊徳先生〔一七八七〜一八五六〕が相馬藩に聘《へい》せられた時に案出して遺《のこ》され、それが相馬藩繁昌の基《もとい》になったという、財政やら産業やらについての方策である。井上侯始め私共が財政改革を行うに当たり、この二宮先生の遺された興国安民法をも廃止しようとの議があった。

これを聴きつけた相馬藩では、藩の消長に関する由々敷《ゆゆしき》一大事だというので、富田久助、志賀直道の両氏をわざわざ出京せしめ、両人は西郷公に面接し、いかに財政改革を行われるに当たっても、同藩の興国安民法ばかりはご廃止にならぬようにと具《つぶさ》に頼み込んだものである。西郷公はその頼みを容《い》れられたのだが、大久保公や大隈伯に話したところで取り上げられそうにもなく、井上侯なんかに話でもしたら、井上侯はあの通りの方ゆえ、到底受け付けてくれそうに思われず、頭からガミガミ跳ね付けられるのに極《きま》っているので、私を説きつけさえすれば、あるいは廃止にならぬように運ぶだろうとでも思われたものか、富田、志賀の両氏に対する一諾《いちだく》を重んじ、わざわざ一小官たるにすぎぬ私を茅屋《ぼうおく》に訪ねて来られたのであった。

二宮尊徳の興国安民法

西郷公は私に向かわれ、かくかくしかじかの次第故《ゆえ》、折角の良法を廃絶してしまうのも惜しいから、貴方《あなた》の取り計いでこの法の立ち行くよう、相馬藩のために尽力してくれぬか、と言われたので、私は西郷公に向かって、

「そんなら貴公《あなた》は、二宮〔尊徳〕の興国安民法とは何んなものかご承知であるか」

とお訊《たず》ねすると、

「一向にどんなものか知らぬ」

とのお答えである。

「どんなものかも知らずに、これを廃絶せしめぬようにとの依頼は、はなはだもって腑《ふ》に落ちぬわけであるが、ご存知なしとあらば、いたしかたがない。私からご説明申し上げましょう」

と、そのころ既に、私は興国安民法について充分取り調べて置いたので、詳しく申し述べることにした。

二宮先生は相馬藩に招聘されるや、先ず同藩における過去一八〇年間の詳細な歳入統計を作成し、この一八〇年を六〇年ごとに分けて、天・地・人の三才《さんさい》とし、その中位の「地」に当たる六〇年間の平均歳入を同藩の平年歳入と見做《みな》した。

さらにまた、この一八〇年を九〇年ごとに分けて、乾坤《けんこん》の二つとし、収入の少ない方に当たる坤《こん》の九〇年間の平均歳入額を、標準にして藩の歳出額を決定し、これにより一切の藩費を支弁し、もしその年の歳入が幸いにも、坤《こん》の平均歳入予算以上の自然増収となり剰余額を生じたる場合には、これをもって荒蕪地《こうぶち》を開墾《かいこん》し、開墾して新たに得たる新田畑《しんでんぱた》より得たる歳入は別途のものとして、さらに新開墾費に充てるという法を定められたのである。これが相馬藩の所謂《いわゆる》興国安民法なるものであった。

大西郷、理に責められて窮す

西郷公は私がこのように、詳細に二宮先生の興国安民法について説明する所を聞かれて、「そんならそれは、量入為出《りょうにゅういしゅつ》（量入＝収入を計算して、為出＝その後に支出を決めること）の道にも適《かな》い、誠に結構なことであるから、廃止せぬようにしても可《よ》いではないか」とのお言葉であった。よって私はここぞと思い、平素私の抱持《ほうじ》（抱き保つ意）する財政意見を言上する好機会だと思ったので、

「いかにも仰せの通りである。二宮先生の遺《のこ》された興国安民法を廃止せず、これを引き続き実行すれば、相馬一藩は必ず立ち行くべく、今後ともますます繁昌するであらう。しかし、国家のために興国安民法を講ずるのが、相馬藩における興国安民法の存廃を検討するよりも、さらに一層の急務である。西郷参議に於《お》かせられては、相馬一藩の興国安民法は大事であるによって是非にも廃絶させぬようにしたいが、国家の興国安民法は講ぜずに、そのままに致し置いても差しつかえないとのご所存であるか、承《うけたまわ》りたい。

いやしくも一国を双肩に荷《にな》われて国政料理の大任に当たらるる参議の御身《おんみ》をもって、国家の小局部なる相馬一藩の興国安民法のためにはご奔走あらせられるが、一国の興国安民法をいかにすべきかに就《つい》てのご賢慮《けんりょ》なきは、近頃もってその意を得ぬ次第、本末顛倒のはなはだしきものである」

と切論《せつろん》〔熱心に論ずること〕すると、西郷公はこれに対し、別に何とも仰せなく黙々として茅屋《ぼうおく》を辞し、帰られてしまつた。とにかく、維新の豪傑のうちで、知らざるを知らずとして毫《ごう》も虚飾の無かつた人物は西郷公で、実に恐れ入ったものである。

時には返答に困る事がある

後輩の人であるとか、もしくはまた、平素親しくして往来する友人の間柄だとかの人からなれば、間違った話を持ち込んできた時に、私とてもすぐに頭からこれを却《しりぞ》けて、

「そんな馬鹿な話があるものか」

と一喝の中《うち》に不同意を表することもできるが、間違った話を持ち込んでくる人が、多少とも自分の先輩であるとか、平素、年長者と立てて置く人であるとか、ないしはあまり平生親しく交際せぬ間柄の人ででもあると、そう頭から不同意を言明して、ガミガミ膠《にべ》なく却《しりぞ》けてしまうわけにもいかず、されぱとて、不同意であるところを、無理に同意であるかの如くに言ってしまえば、ただに自分を偽《いつわ》るのみならず、先方にその非を覚らしむることもできないで、ますますその人の過謬《あやまち》を深くさせることにもなる。これはとうてい、私の忍びがたしとするところである。

「実業之世界社」の野依君のやうな応対振《ゆきかた》で、気に入らぬことは誰が言って来たのだからとて、一

向それには頓着せず、頭から排斥《こなしつけ》て、

「そんな馬鹿なことがあるものか」

と率直に言明することにしていれば、それはまたそれで通用するものだが、私にはまた私の応対振《ゆきかた》があって、平生がそういう風でないから、私が観て間違っているなと信ずるようなことに、長上《うえのもの》や、平素あまり親しくしておらぬ、ある筋の人々から同意を求められると、私は全くその返答に困ってしまう。

かかる場合は、孔子が『論語』で教えられている「之《これ》を知《し》るを之《これ》を知《し》ると為《な》し、知《し》らざるを知《し》らずと為《な》せ」との語を適用すべき場合と、少し場合が違うかも知れぬが、道理はやはり同じで、不同意ならば不同意の旨を明言すべきであるのに、人情の弱点とでも申そうか、これを明言しかねるので、処世上どうして可《よ》いものかと途方に暮れねばならなくなる。

井上と大隈にも苦しめらる

井上侯や大隈伯は私の先輩で、私が今日までお世話を受けて参った方々である。滅多に間違ったご意見などを私に御聞《おき》かせになることもないが、これらの先輩諸賢とても、何から何まで私において同意のできるご意見ばかりを、すべて持っておらるるものとは限らぬ。時に私が見て筋道の間違っていると思うような話を持ち出されて、私に同意を求められるようなことが万が一にはないでもない。かかる時にも、私は、その非を指摘して、頭から不同意であると言明するのが真実《ほんとう》の道であろうが、まさか、あからさまにそうとも言いかねて、返答に困るような羽目《はめ》に陥ることがある。

たいていの人ならば、かかる場合に臨むと、腹の中では不同意でも口の端《さき》だけで、その場限り如《い》何《か》にも同意であるかの如く申してしまうのであるが、それでは自分を偽《いつわ》り他人を欺《あざむ》き、その人をますます間違った道に進ましむるのみならず、かえって迷惑を懸《か》けることにもなるから、私にはとうていそんな真似はできぬのである。かかる場合に遭遇して困るのは、私ばかりでない。他にも多くあるだらうと思うが、孔子の弟子の子路《しろ》なども、時折りかかる場合に遭遇して困られたものと見え、孟子の藤文公《とうぶんこう》章句下には、子路の言として、

「未だ同じからずして言う、其色《そのいろ》を観《み》れば赧々然《たんたんぜん》たり、由《ゆう》〔子路〕の知る所に非《あら》ざるなり」

とあり、意見の同じからぬ者から、強《し》いて話しかけられて、機嫌を取っている人の顔色を見るに、赧々《たんたん》として朱《あか》い〔恥ずかしくなって顔を赤くすること〕が、そんなことは自分のとてもできることでないと言われている。また、同章句のところに曾子の言として、

「肩を脅《そびや》かして諂《へつら》い笑うは夏畦《かけい》〔夏の田仕事〕より病《つか》る」

とあり、人の機嫌を取るために肩をすぼめて諂《へつら》い笑うのは、真夏の炎天下の田に出て耕作するより

も苦しいと言われている。いわんや子路や曾子には及びもつかぬ薄徳《はくとく》の私が、かかる場合に困るのは当然で、「煩悶《はんもん》」とでも申したいほどの苦しみを覚えることがある。

黙して答えぬ私の返答

不同意であると、その場ですぐに言明しにくいような筋の人から、自分が見て間違ったと思うようなことに同意を求められた場合に、いかにすれば可《よ》いかというのは、処世上必ず心得置かねばならぬ実際の問題である。私はかかる場合に遭遇すれば、たいていなら「黙して答えず」といったような調子で、賛否いずれの返答をも申し上げぬことにしている。なおそれでも強《し》いて賛否の答えを促されれば、

「考えて置きましょう」

とか、あるいは、

「再考します」

とか返答するのであるから、渋沢が賛否を言明しなかったり、

「考えて置きましょう」

とか、あるいは、

「再考します」

とか申したら不同意なのであると、世間様《ひとさま》が御察《おさっ》し下されれば、誠に私も楽で好都合である。しかし、すぐにそうと御察《おさっ》し下さらぬ方もあるので、はなはだ困る次第である。

またここに一つ注意して申し添え置きたいことは、表情《かおつき》の具合である。如何《いか》に黙して答えずとも、顔に出る表情の具合一つで、不同意である心の中を意外にも同意であるかの如くに、先方に覚らしめるような場合もあるもの故《ゆえ》、この点は大いに用心すべきもので、実際不同意であって何の返答さえせずに置きながら、先方に悪感情を起こさせるのが好ましくないなどとの弱い精神から、顔の表情や態度《そぶり》を同意であるかのようにして見せれば、これは先方を誤解さして欺《あざむ》くことになり、ひいては先方の迷惑ともなり、はなはだよろしくない措置で、それは不同意でありながら、その場を繕《つくろ》うために同意であると返答したのと同じことになる。

賛否の返答は、言葉ばかりによって表われるものではない。顔の表情や態度によっても表れるものである。ゆえに不同意の場合に黙して答えざることにしたら、表情と態度にも大いに注意して、いささかたりとも、同意と先方に誤解せられるような、表情や態度をして見せてはならぬものである。

第六話　信と義が欠ければ、国も人も亡ぶ

民に信がなければ、その国は亡ぶ

その昔、中国で大きな車を動かすには、輗《げい》と称する横木を梶棒《かじぼう》の先端につけて牛を繋《つな》ぎ、また小さい車を動かすには、軏《げつ》と称する鉤《かぎ》のようなものを梶棒の端に結んで馬を繋ぎ、うまく牛馬を御《ぎょ》して、車を曳《ひ》かせた。だから、輗《げい》と軏《げつ》がなければ、いかに立派な車輛があっても、いかに逸《すぐ》れた牛馬がいても、車は一寸たりとて動くものではない。

子曰《しいわ》く、人《ひと》にして信《しん》なくんばその可《か》なるを知《し》らず。大車輗無《だいしゃげいな》く、小車軏無《しょうしゃげつな》くんば、それ何《なに》をもって、これを行《や》らんや。

孔子はこう教えた。「もしも、人が信〈信義・信望〉を具《そな》えていなかったならば、それでよいだろうか。例えば、大車に横木がなく、小車にくびきがなかったならば、どうやっ

て大車や小車を動かせるであろうか」と。〈『論語』為政篇《いせいへん》〉

ちょうどそのように、「人に信〈信義・信望〉がなければ、いかに才智があっても、いかに技倆があっても、少時《しばし》たりとて安全な世渡りをして行けるものでない」というのが、孔子の教訓の趣旨である。信は人の行いにとって、扇の要《かなめ》のごときものである。信なくしては、いかなる事業家も、いかなる職務にある人も、世に立って行けるものではないのである。

ここにおいてか、孔子は同じく『論語』の顔淵篇《がんえんへん》で、子貢《しこう》が孔子に対して、

「政治とはいかなるものですか」

と質問した時に、

「食を足《た》らし、兵を足《た》らす、民、これを信ず〈民の生活を安定させ、国の兵力・軍備を充実して、民をして信を守らせるのが、政治の奥義である〉」

と答えた。子貢がさらに重ねて、

「しからば、この三つの中でいずれが一番大切ですか」

と、質問すると、孔子は、

「国に兵がないからといって、必ずしも滅ぶものではない。また、国に食糧がないからといって、

必ずしも滅ぶものではない。古《いにしえ》より人は皆な必ず死ぬものだが、民に信〈信義・信望〉がなければ国は立たず、〈信こそが一番大切なものだ〉」と答えた。国民がもしも信を守らなかったならば、その国家は一日たりとて立ち行くものではない。食がないために死するのは、生きとし生けるものの一度は遭《あ》わねばならない運命に遭うだけのことであるが、国民に信がないため国家が陥《おちい》らねばならない亡国の運命は、これ自《みずか》ら強《し》いて招く禍《わざわ》いである、と仰せられたのである。

孔子が、人の守るべき道の中で、最も重きを「信〈信義・信望〉」に置かれたことは、これまで既に申し上げたところによっても、またその他の章句に照らしても明々白々のことで、『論語』の中だけにも、孔子が信について説かれたところが、前後十九ヶ所ほどあるように思う。

信は「親」より進化したもの

法学博士穂積陳重《ほづみのぶしげ》氏〈一八五五〜一九二六〉は、人の子に「信之助」と命名した時に、命名の辞《ことば》に代えて、道徳進化論にもとづく信の重要性を説かれたことがある。同氏の意見によれば、信は素《も》と母がその子を保育する関係より、母子の間に生じた「したしみ」、すなわち「親《しん》」にその端を発したもので、母子間の親《しん》が拡められて親子間の親《しん》となり、さらに拡大されて同族間の親《しん》となり、漸次社会が進歩発達してその範囲を拡張するに至ると、「親《しん》」もまたその形式を変じて「信《しん》」となったのである。社会が進化し、その範囲が拡まれば拡まるほど、信はいよいよますます社会の結成に必要欠くべからざるものとなるため、信が道徳の中で最も進歩した形式であり、今日のごとく進化発達した社会には一日も欠くべからざるものだという。穂積氏の意見に対しては、私も全く同意見である。

しかし、すでに述べた通り、信にはまた必ず「義」を伴わねばならないのであって、不義を果たすために守る信は、単に社会の利益とならざるのみならず、延《ひ》いては社会を荼毒《とどく》〔荼《と》は苦菜《にがな》のことで、転じて害毒の意。すなわち荼毒は害悪を流すこと〕することになるものであるから、この点については青年子弟諸君において十分注意されてしかるべきである。

武士道は義によって立つ

義《ぎ》を見《み》て、為《な》さざるは勇《ゆう》なきなり。

〔『論語』為政篇《いせいへん》〕

義〔人として行うべきこと〕を見ながら、実行しないのは勇気がないというものである。

これは為政篇の最後の句であるが、武士道などと申すものも畢竟《ひっきょう》するに〔詮じつめれば〕、勇を振《ふる》って義〔物事の道理。人として行うべきすじみち〕を行うところにあると思う。いやしくも義のあるところ、水火《すいか》〔洪水と火災のこと〕をも辞《じ》せずして行くというのが、これすなわち武士道の本意である。

文天祥《ぶんてんしょう》〔南宋末の忠臣。一二三六〜一二八二〕は、はなはだ女々《めめ》しい行いのあった人で、好ましからぬ人物である。私が先年、九州の安川敬一郎《やすかわけいいちろう》氏が設立された明治専門学校を参観した時に、同校に文天祥の書いた額を掲げてあったのが偶然眼に触れたものだから、私は安川氏に向かい、

「文天祥とは……突飛《えら》い人の額をお掲げになったものだ」

と、やや不同意の心情を漏らすと、安川氏からも私に対し、

「文天祥の額について非難される方は、閣下《あなた》ばかりでない、過般大隈伯《せんだっておおくまはく》の来られた時にも、しきりに文天祥はいかん、文天祥はいかん、と申されていました」

との話があったほどで、文天祥の行為には好ましからぬことも多いが、この人が死んでのちにその遺骸を調べてみると、下帯《したおび》〔①装束の下に締める帯。したのおび。②ふんどし〕に次のような銘の書かれてあったのを発見したとのことである。


孔曰《こういわ》く仁《じん》を成《な》すと。孟曰《もういわ》く義《ぎ》を取《と》ると。惟《これ》その義《ぎ》を尽《つ》くすは、仁《じん》に至《いた》る所以《ゆえん》なり。聖賢《せいけん》の書《しょ》を読《まな》んで、学《まな》ぶところ何事《なにごと》ぞ、しこうして今《いま》より後《のち》、こいねがわくは愧無《はじな》からんか。

孔子は仁〔人の道〕が大切といい、孟子は義が大事だという。義を究《きわ》めれば、仁を達成す

るわけである。聖賢〈聖人と賢人〉の書を読んで、学ぶべきところは何か。今よりのち、切に望む、愧《はじ》なからんことを。

昔の中国人は、平素服膺《ふくよう》〈心にとどめて忘れないこと〉すべき箴言《しんげん》〈いましめとなる短い句。格言〉を、よく衽《えり》〈ジン〉に書きつけていたものだが、文天祥はさらにその上手《うわて》で、日常の座右の銘と申すべきこの句を、下帯に書いて、座臥《ざが》共に〈普段より〉しばしも我が身から離さないようにしていたものと思われる。

文天祥の衣帯銘

文天祥が死んでから後《のち》に、下帯へ書いてあるのを発見されたこの銘は、「文天祥衣帯銘《ぶんてんしょういたいめい》」とも、また「衣帯中賛《いたいちゅうのさん》」とも呼ばれているが、たとえ文天祥の人物や行動に好ましからぬところがあったにしても、この衣帯銘は決して棄《す》てるべきものではない。その意《こころ》たるや、孔子が仁を説き、孟子が義を説いたが、人がもし義《ぎ》を尽くせば、自《おの》ずから仁に達するもので、仁義は決して二つ個々別々《ここべつべつ》のものではない。二にして一なるものである。

聖賢の書を読んで学ぶところも、畢竟《ひっきょう》〈つまるところ〉これより上に相当するものでなく、義を尽くして世に立ちさえすれば、仁をも全うし、百世《ひゃくせい》の後〈百代ののち、後世〉までも、世間の人々より笑われるような愧《はじ》をかかずに済むということである。

いかにもその通りで、孔子が『論語』の衛霊公篇《えいれいこうへん》において、

志士仁人《ししじんじん》は、生《せい》を求《もと》めてもって仁《じん》を害《がい》する事《こと》なし。身《み》を殺《ころ》して仁《じん》を成《な》すこと有《あ》り。

志士〈人間の誠を尽くしたいとする者〉や仁人〈人の道を尽くして生きたいと思う者〉は、生命が惜しいからといって、道にはずれることをしない。むしろ反対に、生命を犠牲にしても仁の道を完うすることがある。〈『論語』衛霊公篇《えいれいこうへん》〉

と仰せられた。仁の初歩たる『孟子』が公孫丑章句上にいう「惻隠《そくいん》の心」なども、その根底はやはりこれを義に発するものである。ゆえに孔子は同じく『論語』の衛霊公《えいれいこう》篇において、

君子《くんし》は義《ぎ》をもって質《しつ》となし、礼《れい》をもってこれを行《おこな》い、孫《そん》〈遜と同意義〉をもってこれを出《いだ》し、信《しん》をもってこれを成《な》す。君子《くんし》なるかな。

君子〈教養人、指導者〉は、義〈道理〉をもって質《しつ》〈根本〉とし、礼法に従って実践し、謙遜して発見し、信〈誠意〉をもって貫く。これこそが君子〈人の上に立つ者〉だ。〈『論語』衛霊公篇《えいれいこうへん》〉

と説いている。義は仁の本体で、義が動いて人の行跡になったものがこれすなわち仁である。義に勇みさえすれば、人は必ず仁を行い得るもので、文天祥の衣帯銘《いたいめい》はこの消息〈様子、事情のこと〉を

伝えたものである。

されば『孟子』のごときも告子章句上《こうししょうくじょう》において、

魚《うお》は我《わ》が欲《ほっ》するところ、熊掌《ゆうしょう》もまた我《わ》が欲《ほっ》するところなり。二《ふた》つの者兼《ものか》ねることを得《う》べからずんば、魚《うお》をすてて熊掌《ゆうしょう》を取《と》らん者《もの》なり。生《しょう》もまた我《わ》が欲《ほっ》するところ、義《ぎ》もまた我《わ》が欲《ほっ》するところなり。二《ふた》つの者兼《ものか》ねることを得《う》べからずんば、生《せい》をすてて義《ぎ》を取《と》らんものなり。

魚は私が欲しいものだし、熊掌《ゆうしょう》〔熊の手のひら。古来、中国で美味とされたもの〕もまた私の望むものだ。二つを同時に得られないならば、魚を捨てて熊掌を取りたい。同じようにわが生命も守りたいものであり、義〔道理〕も守りたいと願うものだ。もしも二つを同時に得られないならば、わが生命を捨てて、義を取らんとするものである。

と説いている。

高杉晋作と坂本龍馬

人は誰でも生を欲さぬ者などいない。誰でも生を欲しはするが、義のために生を捨てる意〔覚悟、決断〕をすること、すなわち「魚を捨てて熊の掌《たなごころ》〔熊掌《ゆうしょう》〕を取る」がごとくにするのが、これ人の人たる道を尽くす所以《ゆえん》である。しかしこれは言うべくして容易に実行し難いもので、ことに才智謀略に富んだ人において難しいものである。

されば維新の三傑の中でも、大久保公とか木戸公とかのごとき計略の多い方々は、どうしても義に勇むというところが少なかったように思われる。これに反し、計略智謀に乏しいが、どちらかといえば蛮勇のあるような方には、義に勇む人々が多いものである。

高杉晋作〔一八三九～一八六七〕という人は米山甚句《よねやまじんく》によく謡われる、

「真の闇夜《やみよ》に桜を削り、赤き心を墨で書く」

の唄を作った方《かた》で、私は別に親しく往来したわけでもないが、故井上侯〔井上馨、一八三五～一九一五〕などより承《うけたまわ》るところによれば、

「義を見て為《な》さざるは勇《ゆう》なきなり」

との意気が常にあった人のごとく思われる。

高杉氏はよほど変わった面白いところのあった人らしく、安政六年〔一八五九〕、吉田松陰先生〔一八三〇～一八五九〕の在獄中に種々世話をしたり、文久二年〔一八六二〕、品川御殿山の公使館を焼いたり、その他しばしば生死の巷《ちまた》に出入したのも、「義を見て為《な》すの勇」があったからである。

それからまた、坂本龍馬〔一八三五～一八六七〕なども、「義を見て為《な》さざるは勇《ゆう》なきなり」の意気があった方のように思われる。

桜田事変の有村次左衛門

御大老井伊《いい》掃部頭《かもんのかみ》（井伊《いい》直弼《なおすけ》。一八一五〜一八六〇）を桜田門外で刺した水戸浪士の仲間に、有村次《ありむらじ》左衛門《ざえもん》（一八三九〜一八六〇）という人がいた。この人は元来薩摩の藩士で、安政六年（一八五九）に薩摩から出てきて国事に奔走していたのだが、その間に水戸の志士と交際するようになったものである。

しかし、井伊《いい》大老を刺そうという評議のあった時には、有村は水戸藩のものでなかったため、もし浪士の仲間に加盟せずに済まそうとすれば、加盟せずともそれで済んだはずである。この消息《こと》は当時の事情を詳細に調査してみれば、すぐ明らかになる次第である。しかし、有村は井伊大老をもって、

「天朝に対して慮外の処置を致す不届至極《ふとどきしごく》の不義者」

と考えたので、水戸浪士の仲間入りをしないようでは、これこそ「義を見てせざるは勇なき卑怯者」になると信じ、強《し》いて自《みずか》ら求めて桜田事変の徒党に加盟したのである。

いかなるものを義と観るかということに関しては、それぞれ、その人、その時代によって観《み》るところに相違があるだろうが、井伊大老にして果たして違勅《いちょく》等の行為があったとすれば、有村次左衛

門が「これを刺すを義なり」として、当然避けられたところを避けずに、万延元年（一八六〇）の桜田事変における水戸浪士の仲間入りをしたのは、「生を軽んじ義を重し」と考えたものといわねばならない。

水戸烈公は偏狭の人

水戸藩も藤田東湖《ふじたとうこ》先生（一八〇六〜一八五五）などの俊傑を出した頃には、一時これによって天下に名を成したものである。しかし、東湖先生が死んでしまった後は、「烈公《れっこう》」と称される方（徳川斉昭《なりあき》）が、元来世間で評判されるほどの偉大な人傑でなく、よほど偏狭なところがあって、実際は政治の手腕に乏しかったものとみられる。そのため、藩内に党争が絶えず、互いに他を排斥して、これを殺してしまおうという傾向が生まれた。そしてついに、烈公派と中納言派との二党の間に、激烈なる確執を生ずるまでに至ったものである。

烈公派は尊王攘夷《そんのうじょうい》（天皇の権威を絶対とし、開国反対を主張）をもって旗幟《きし》（はたじるし）とし、自ら「正党《せいとう》」と称し、中納言派は佐幕（佐は助けるの意。幕府の政策を是認し、助けること）開港をもって旗幟《きし》とし、（烈公《れっこう》派から）姦党《かんとう》（悪者の集まり）と称されたが、やがて左幕開港派のいわゆる姦党《かんとう》の勢力が次第に盛んになり、尊王攘夷派のいわゆる正党《せいとう》の方が危地に陥りかけてくると、中納言派の頭目武田耕雲斎《たけだこううんさい》（一八〇三〜一八六五）は、同志の者三〇〇人ばかりを率いて筑波山に立て籠って兵を挙げ、幕府に対抗しようとした。

しかし、軍利《ぐんり》（状況が不利となること）あらず敗軍になると、今度は越前（福井県の東部）の敦賀《つるが》の方を廻って京都に上《のぼ》り、大いに事を計ろうとしたが、幕府は耕雲斎の仲間に京都へ入り込まれては大変だというので、一橋慶喜《ひとつばしよしのぶ》公（一八三七〜一九一三）に、出兵を命じて耕雲斎を討伐するようにとの命を下《くだ》したのであった。

東湖の遺子藤田小四郎

武田耕雲斎は同志の者を引きつれて敦賀まで来た時に、一橋慶喜公が兵を率いて討伐に向かうと聞いたものだから、慶喜公を敵にして戦うわけにもゆくまいとして、ついに一同は降服を申し入れて帰順の意を表することになったのである。

よって幕府方においてはそれぞれ処分をつけて、慶応元年（一八六五）二月、武田耕雲斎以下、中心となった者に切腹を命じ、その他身分の軽い者はこれを斬首の刑に処したのである。その時殺された者が、なんでも数百人あったように記憶する。

その斬罪《ざんざい》の刑に処された者の中に、僅《わず》かに二四歳の藤田小四郎《ふじたこしろう》（一八四二〜一八六五）という青年がいた。この人とは私も三回ほど面接したことがあり、すこぶる立派な人物で、刑に臨《のぞ》み従容《しょうよう》〈動じることなく、落ちついているさま〉として文天祥正気歌《ぶんてんしょうせいきのうた》を朗吟し、辞世として、

兼《か》ねてより思《おも》い染《そ》めにし言《こと》の葉《は》を
　今日大君《きょうおおぎみ》に告《つ》げて嬉《うれ》しき

の一首を遺《のこ》し、泰然《たいぜん》として死に就《つ》いたのである。小四郎は名を信《しん》といい、東湖《とうこ》先生の第四子にあたる人である。

しかし、今回私が徳川慶喜《とくがわよしのぶ》公の御一代記を編纂することになって、いろいろ詳しく取り調べたところによると、小四郎もまた桜田事変における有村次左衛門《ありむらじざえもん》と等しく、強《し》いて武田耕雲斎《たけだこううんさい》の徒党に与《くみ》して、斬首に処されるまでの目に遭《あ》わずに済まそうとすれば、いくらでも済まされる位置にあったことが分かった。

また、耕雲斎の仲間に無理に引き込まれたのでも何でもない。それにもかかわらず、小四郎は耕雲斎が頭目であった正党《せいとう》に入って兵を挙げるのを、

「これ、すなわち義である」

と信じたため、生を捨て、強《し》いて耕雲斎の仲間に入り、ついに斬首されたのである。

この点から観れば、小四郎はまさしく、「義を見て為《な》さざるは勇なきなり」との意気があった人と思われる。明治二四年〔一八九一〕、武田耕雲斎に正四位が贈られた時に、藤田小四郎もまた従四位を天朝より追贈されたのは、これらのためだろうと私は思う。

太田道灌の辞世

私のこの邸宅《やしき》のある飛鳥山《あすかやま》の山続きは、今でも道灌山《どうかんやま》といわれるほどで、その昔、太田道灌《おおたどうかん》〔一四三二〜一四八六〕の住んでいたところだろうとのことであるが、道灌は、始めて江戸城を築いた人だとされる。

狩りに出た帰り途《みち》、雨に遭《あ》って雨具を借りにある農家に入ると、少女が蓑《みの》の代わりに山吹《やまぶき》の枝を出したというので、道灌の名はよく世間に知られているが、幼少より武蔵の管領上杉持朝《うえすぎもちとも》〔一四一六〜一四六七〕にその才能を評価され、一一歳で召されて出仕し、源六郎持資《げんろくろうもちすけ》と称した。

しかし、上杉《うえすぎ》の臣下中に道灌を快く思わない長尾意玄《ながおいげん》〔長尾景春《ながおかげはる》。一四四三〜一五一四〕と申すものがおり、酷《ひど》く道灌を邪魔物にし、いろいろと策略をめぐらし、道灌を亡きものにせんと企《たくら》んだ。上杉氏もついにその策略に乗せられ、道灌を糟屋《かすや》〔今の豊多摩郡千歳村〕の邸宅《やしき》に招き、浴室に入れておいて、刺客に道灌を殺させることになったのである。

これは文明一八年〈一四八六〉七月、道灌五五歳の時であったが、刺客に刺される時も、道灌は神《しん》色自若《しょくじじゃく》〈顔色一つ変えず落ち着いている様子〉として少しも狼狽することなく、

かかる時《とき》さこと命《いのち》の惜《お》しからめ
かねて無《な》き身《み》と思《おも》い知《し》らずば

の一首を辞世に詠み、従容《しょうよう》として死に就《つ》いたとのことである。この一首の意味は、「平素より生命《いのち》をないものと思っているから、ただ今不義者の計略にかかり生命《いのち》を取られても、露《つゆ》いささかも生命《いのち》を惜しいなぞとは思わないが、もしも平素より生命《いのち》をないものだと思っていなければ、こんな時に定めし生命《いのち》が惜しいことだろう」ということである。

道灌は文雅《ぶんが》〈文事の風雅な道〉の素養も並々ならず、雅懐《がかい》〈風雅な心〉に富んだ方であるが、それでも義と見れば進んでこれに殉ずる覚悟が平素よりあった人と思われる。今申し述べたごとく一首を辞世に詠むことのできたのも、畢竟《ひっきょう》するに〈詮じつめれば、結局のところの意〉、平素より「義を見て

為《な》さざるは勇なきなり」との意気があったからである。

今の青年子弟諸君においても、平素より常にこの太田道灌のごとき意気と覚悟とを持つようにしていただきたいものである。

不義を見てなさざるの勇

孔子は、「義を見て為《な》さざるは勇なきなり」と教えているが、「不義を見て為《な》す」のもまた勇のないものである。ゆえに青年子弟諸君には、「義」と見れば進んでこれに殉ずる勇気を持つとともに、不義と見たならば、いかなる人より圧迫されても、断じてこれをなさぬ勇気も持たねばならない。

大塩平八郎〔一七九三～一八三七〕が天保八年〔一八三七〕、大阪に兵を挙げて乱を起こした時のことであるが、彦根の藩士で平八郎の高弟に当たるものに宇津木矩之丞《うつぎのりのじょう》〔矩之允《のりのすけ》〕という人がいた。桜田門外で水戸浪士に刺された井伊《いい》掃部頭《かもんのかみ》家《け》の家老を勤めた、俗に大宇津木《おおうつぎ》と申す人の子息で、岡本半助や岡田六之丞などとも、多少の縁辺〔親族関係〕に当たる人である。

大塩に就《つ》き、深く陽明学を修め、長崎に勉学に行ったことなどもあるが、彦根に帰って陽明学を教授しているうちに、大塩に挙兵の陰謀があるとも知らず、一日大阪に出て大塩に面会すると、折しもちょうど挙兵準備の最中であった大塩は、宇津木矩之丞にその次第を漏らし、一味徒党の連判に加わるように勧めたのである。

死を決して大塩平八郎を諫む

この時に宇津木矩之丞《うつぎのりのじょう》は、大塩平八郎がすでに大事を自分に漏らしたからには、もし一味徒党に加わらないと跳ねつけてしまえば、たちまちその場で大塩に殺されるに違いないと覚った。しかしそうと分かっていながら、

「大塩の挙兵は義に悖《もと》る〔そむく〕もので、朝憲を紊乱《びんらん》する乱民の所為《しょい》〔しわざ、振る舞い〕である」と信じ、諄々《じゅんじゅん》としてその不可《ふか》なる事〔良くないこと〕を説いて挙兵を諫止《かんし》〔いさめて思いとどまらせること〕し、自分はもとより大塩の一味徒党に加わることを承諾しなかったのである。

しかし、大塩が少しも挙兵を中止する様子が見えないので、矩之丞《のりのじょう》はその夜大塩の邸に一泊することにしたが、必ずその夜のうちに大塩に殺されるものと覚悟し、同伴の一八歳の少年に、委細を詳しく認めた一封〔書状。手紙〕を授け、これを懐《ふところ》に忍ばせ、窃《ひそ》かに大塩の邸宅より抜け出て、急ぎ彦根に帰るべき旨を命じた。しかし、少年のこととてうまく邸を抜け出ることができず、かれこれしている間に、大塩は果たして一刀を提げ、矩之丞を殺しにやって来たのである。

少年はこれを見るや驚いてウロウロしていたので、矩之丞は狼狽《ろうばい》する少年を叱責《しっせき》して邸から抜け

出させるとともに、大塩に対しては、

「かくあるべしと覚悟の上で諫止《かんし》したのであって、決して逃げも隠れもせぬから」と立派に言い放ち、なお大塩の不心得を諫《いさ》めて、従容《しょうよう》〔動じることなく、落ちついて〕その刃《やいば》に罹《かか》って殺されたとのことである。

この矩之丞のごとき人こそ、

「不義を見て、為《な》さざる勇のあった人」

というべきである。この点において、青年諸君は大いに矩之丞の意気を学び、不義〔義にそむくこと、道にはずれること〕と思うことには、いついかなる人より加担を迫られても、決してその仲間に加わらず、そのために命を捨てることも厭《いと》わぬ覚悟を平素より養っておくようにしていただきたいものである。

この宇津木矩之丞《うつぎのりのじょう》という彦根藩士御一家の人物で、宇津木翩太郎《うつぎりゅうたろう》という人は、目下大阪の北野中学校で英語の教師をしておられると聞いている。

大典参列の光栄と渡米

今上陛下《きんじょうへいか》〔大正天皇〕御即位の御大典《ごたいてん》も、来たる秋冬《しゅうとう》の候《こう》において、めでたく御挙行あらせれるについては、実に千載一遇の御盛儀のことゆえ、ぜひこれに参列の光栄を荷《にな》いたいのは、私として山々《やまやま》の次第であるが、私もすでに本年七六歳、この上なお永い余生のある身とも思えない。

かく思うにつけても、この残り少ない余生を少しでも御国《みくに》の御利益《おため》になるように用いて一生を終わりたいというのが、私の微衷《びちゅう》〔自分の真心《まごころ》の謙譲語。本心のこと〕である。

今回、御大典を目前に控えながら、みすみすこれに参列するの光栄を荷《にな》わずに、一〇月下旬、横浜出帆の汽船に乗って渡米を決心したのも、全く奉公の微衷《びちゅう》の致すところで、たとえこの老軀でも多少御国《みくに》の御利益《おため》になるものとすれば、一日の大饗《だいきょう》に参列して、ひとり自《みずか》らこれを光栄として悦ぶよりも、国家百年の福祉のために微力を献じるのが、孔子の『論語』において説き遺された忠孝の道を全うする所以《ゆえん》であろうかと思うのである。

渡米の精神『論語』に発す

私としては、博覧会〔パナマ太平洋万国博覧会〕見物をしたところで、別に面白いわけでもなく、またはるばるアメリカ三界《さんがい》〔くんだり〕まで罷《まか》り出でたからといって、物質上の利得があるというのでもない。俗にいう「三文の徳」にもならない。もしできるものならば、御免を蒙《こうむ》って済ませたいわけであるが、私の渡米が多少なりとも日米両国の国交親善に貢献できるところがあるとすれば、老軀を慮ったり、あるいはまた、御大典参列の光栄に浴したいのを思ったりして、自分の身の上の都合ばかり考え、渡米を見合わすようでは、『論語』のいわゆる、

「義を見て為《な》さざるは勇なきなり」

の譏《そし》りを免れず、孔子のお叱りを受けねばならないわけのものである。私今回の渡米は、これもまた止《や》むに止まれぬ大和魂の至すところとでも申すべきだろうか。

私は常に孔子が『論語』に説かれているところによって、去就進退《きょしゅうしんたい》を決することに致しておる者である。それゆえ私の渡米が、果たして予期される効果を実際に挙げ得るかどうか、もとより今において逆睹《ぎゃくと》〔将来を見越すこと〕し得べきではないが、成敗《せいばい》〔成功か失敗か〕を論ぜず、一身の利害を顧みず、とにかく取り急ぎ明春のカリフォルニア州議会開会前に渡米して、在米同胞諸君の利益を計り、国威を失墜せず、円満に多年の懸案を解決できるよう、およばずながら微力を添えるのが、私としてまさに尽くすべき国民たるの義務で、ご奉公の一端をはたす所以《ゆえん》であろうか、と思うのである。

第七話　正々堂々の争いは排すべきに非ず

争うは是か非か

子曰《しいわ》く、君子《くんし》は争《あらそ》うところなし。必《かなら》ずや射《しゃ》か。揖譲《ゆうじょう》して升《のぼ》り、下《くだ》りて飲《の》む、その争《あらそ》いや君子《くんし》なり。

孔子はこう教えた。「君子〈教養ある人〉たるもの、勝負事はしないのがよい。争うことがあるとすれば、競射のときぐらいだ。揖譲《ゆうじょう》〈手を組み合わせ、互いに礼を尽くすこと〉して堂〈射場〉に昇り、射場を降りては敗《ま》けたほうが酒〈罰杯《ばっぱい》〉を飲む。その争いぶりはいかにも君子のものである」と。〈『論語』八佾篇《はついつへん》〉

この章句の大体の意味は、「いやしくも君子はみだりに他人と争うようなことをしないものだが、弓を射て争うように、礼儀正しき正々堂々たる争いならば、あえて争いを躊躇《ちゅうちょ》しないものだ」ということである。「君子《くんし》は争《あらそ》うところなし。必《かなら》ずや射《しゃ》か」とは、この意を伝えているにほかならない。

周の礼法において、弓術の競技を行う際は、これに参加する面々、まず一同勢揃いしたうえで、揖《ゆう》譲《じょう》と称して、競技場〈射場〉に至る階段に登るのに先立ち、北面して互いに一礼をする。そして、いよいよ階段に登ろうとする時、またさらに重ねて互いに一礼し、それから階段を登って競技場に入り、競技を終わり階段を降《くだ》ったところで、また登段の時と同一の礼を互いに交換し、それから敗《ま》けた方の者が罰杯《ばっぱい》として酒を飲む、というのが慣習であったのである。

孔子の教訓の趣旨は、このように礼儀正しく行う争いならば、勝負をしても差し支えないが、怒《ど》号咆哮《ごうほうこう》して一時の快《かい》を取るがごとき争いは、これをいたしてはならないものだ、と戒められたのである。

処世上における争いの利害

しかし、世間には争いを絶対に排斥し、いかなる場合においても争いをするということはよろしくないとして、

「人もし汝の右の頬を打たば、左の頬をも向けよ」

などと説く者もいる。こんな次第で他人と争いをするということは、処世上に果たして利益になる

ものだろうか。あるいは、不利益を与えるものだろうか。この実際問題になれば、ずいぶん人によって意見が違うことだろうと思う。

「争いは決して排斥すべきでない」

と言う者がいるかと思えば、また、

「絶対に排斥するべきものだ」

と考えている人もいる。

私一個の意見としては、争いは決して絶対に排斥するべきものではなく、処世の上にもはなはだ必要のものであろうと信じている。私に対し、世間では「あまりに円満過ぎる」などとの非難もあると聞きおよんでいるが、私はみだりに争うようなことこそしないものの、世間の皆様達がお考えになっているように、「争いを絶対に避けるのを処世唯一の方針である」と心得ているほどに、そう円満な人間でもない。

『孟子』も告子章句下《こうししょうくげ》において、

敵国、外患《がいかん》なき者は、国《くに》、恒《つね》に亡ぶ。

敵対する国がなくて、外国から攻められる心配もない国は、油断が生じて、ついには滅亡する。

と申しているが、いかにもその通りで、国家が健全なる発達を遂げてゆこうとするには、商工業においても、学術技芸においても、外交においても、常に外国と争って必ずこれに勝ってみせるという意気込みがなければならないものである。単に国家のみならず、一個人においても、常に四囲に敵があって苦しめられ、その敵と争って必ず勝ってみせようとの覇気《はき》がなくては、決して発達進歩するものではない。

先輩にも二種類あり

後進〔後輩〕を誘掖輔導《ゆうえきほどう》〔導き助けること〕する先輩にも、大観《たいかん》〔大別すると〕したところで、二種類の人物がいるように思われる。

その一つは、何事にも後進に対して優しく親切に当たる人で、決して後進を責めるとかいじめるとかいうようなことをせず、飽くまで懇篤《こんとく》〔ねんごろ〕と親切とをもって後進を引き立て、決して後進の敵になるような挙動に出ず、いかなる欠点や失策があっても、なおその後進の味方となり、どこまでも後進をかばってゆこうとするのを持前《もちまえ》としている。こういう先輩は、後進より大変な信頼を受け、慈母のように懐《なつ》かれ、慕われるものである。しかし、このような先輩がはたして後進のために真の利益になるかどうかは、いささか疑問である。

他の一つは、ちょうどこれの正反対で、いつでも後進に対して敵国と対決するかのような態度をもって接し、後進の揚足《あげあし》を取ることばかりをあえてして悦び、何か少しの欠点があれば、すぐガミガミと怒鳴りつけて、これを叱り飛ばして完膚《かんぷ》なきまでに罵《ののし》り責め、失策でもすると、もう一切かまわぬというほどに、つらく後進に当たる人である。このような一見残酷な態度に出る先輩は、往々にして後進の恨みを受けるようなこともあり、後進の間にははなはだ人望の乏《とぼ》しいものであるが、このような先輩ははたして後進の利益にならぬものだろうか。

この点、特に青年子弟諸君において熟考されてしかるべきものであろうと思う。

保護が保護にならず

いかに欠点があっても、また失策をしても、あくまでかばってくれる先輩の懇篤《こんとく》なる親切心は、誠に有難いものであるにちがいない。しかし、このような先輩ばかりしかいないということになれば、後進の奮発心《ふんぱつしん》をはなはだしく沮喪《そそう》する〔くじく〕ものである。たとえ失敗しても先輩が許してくれる、はなはだしくは、

「いかなる失策をしても先輩が救ってくれるから、予《あらかじ》め心配する必要はない」

などと至極暢気《しごくのんき》に構えて、事業に当たるにも綿密なる注意を欠いたり、軽ハズミをしたりするよう

な後進を生み、どうしても後進の奮発心を鈍らせることになるものである。

これに対し、後進をガミガミ責めつけて、

「常に後進の揚足《あげあし》を取ってやろう」

という気の先輩が上にいれば、その下にある後進は寸時《すんじ》も油断がならず。一挙一動にもスキを作らぬようにと心がけ、

「あの人に、揚足《あげあし》を取られるようなことがあってはならないから」

と、自然に身持ちにも注意して、不名誉なことはせず、怠けるようなことも慎み、総じて後進の身が締まるようになるものである。特に後進の揚足《あげあし》を取るのが得意な先輩は、後進の欠点失策を責めつけ、これを罵《ののし》り嘲《あざけ》るのみで満足せず、その親の名までも引き出して、これを悪《あし》ざまにいい罵《ののし》り、

「そもそも貴公《おまえ》の親からして、よろしくない」

などとの語《ことば》を、よく口にしたがるものである。

したがって、このような先輩の下にある後進は、もし一旦失策・失敗があれば、単に自分が再び世に立てなくなるのみならず、親の名までも辱《はずか》しめ、一家の恥辱《ちじょく》になると思うから、どうしても奮発する気になるものである。

益を与えし従兄

これについて私が一身上に親しく実験した良い例がある。私が少年の頃、郷里に二人の従兄《いとこ》がいたが、二人は全く性質の異なった人物で、一人は飽くまで私に同情し、親切懇情のありったけを私に対して尽くしてくれたものである。対して他の一人は全くその反対で、私を罵《ののし》り、あるいはまた、

「貴様《きさま》のような生意気な人間は、親類中の面汚《つらよご》しである」

などと、私を顔前《めのまえ》に置きながら、口を極めて私を罵倒《ばとう》したこともある。それでこの従兄にはまた不思議なところがあって、世間に出ると、

「己《お》れの親類には栄一のような、ああいう豪《えら》い男もいる」

などと、誇《ほこ》り気に語るのを例としたものである。

私はこの従兄に罵られるのを耳にする度に、悔しくって、悔しくって堪《たま》らず、世間に出て誇る時には私の名を担《かつ》ぎ、私に面と向かえば「天下のヤクザ者」のように罵るのは何事だと、腹が立って致し方のなかったものである。

しかし、今になって考えてみれば、私にとって二人の従兄のうち、どちらが利益になったかというと、私に飽くまで親切で同情を表してくれた従兄の方よりも、私を見る度に私を罵倒した従兄の方が、私の利益になっている。「あいつに蔑視されるのが悔しいから」と思う気が自然に私を奮発さ

せ、不肖《ふしょう》ながら、私をして今日《こんにち》ある姿に至らしめたということができるのである。

克己復礼《こっきふくれい》は争いにあり

自分を罵《ののし》り責めてくれる先輩を上に持っているということは、国家で言えば、「敵国や外患《がいかん》がある」ということに等しく、人の発達進歩に裨益《ひえき》するところのははなはだ多いものであり、これも「一種の争いである」と言い得るが、『論語』の顔淵《がんえん》篇には「克己復礼《こっきふくれい》」の語がある。「己《おのれ》に克《か》って礼に復《かえ》る」ということも、つまりは争いである。私利私欲と争い、善をもって悪に勝たなければ、人は決して礼に復《かえ》り、人の人たる道を履《ふ》んでゆけるようになれないものである。されば、人は徳を修めて立派な人間になろうとするには、

「どうしても争いを避けるわけにはゆかない」

ということになる。品性の向上発展は、悪との争いによって始めて遂げ得《え》られるものである。絶対に争いを避け、悪とも争わず、己《おのれ》に克《か》とうとする心がけさえ人になくなってしまうようでは、品性は堕落する一方になる。

争いは決して、「絶対に避くべきもの」ではない。社会の進歩の上にも、国家の進歩の上にも、個人発達の上にも、品性の向上にも、なければならないものである。

渋沢も争うことあり

私を、絶対に争いをせぬ人間であるかのように解釈なさっている方々も、世間には多いようにお見受けするが、私はもちろん好んで他人《ひと》と争うことこそしないものの、全く争いをしないというのではない。いやしくも正しい道を飽くまで歩んで行こうとすれば、争いを絶対に避けるわけにはいかないものである。絶対に争いを避けて世の中を渡ろうとすれば、善が悪に勝てなくなり、正義が行われないようになる。

私は不肖《ふしょう》ながら、正しい道に立ってなお悪と争わず、これに道を譲るほどに、いわゆる円満な、腑《ふ》甲斐《がい》のない人間ではないつもりである。人間には円《まる》くとも、どこかに角《かど》がなければならないもので、古歌にもあるように、あまり円《まる》いとかえって転びやすいことになる。

私は世間でご覧下さるほどに、決していわゆる「円満な人間」ではない。一見いわゆる円満なようでも、実際においてはどこかにいわゆる円満でないところがあろうかと思う。若い時分にはもとよりそうであったが、七〇の坂を越した今日《こんにち》といえども、私の信ずるところを動かし、これを覆そうとする者が現れれば、私は断固としてその人と争うことを辞さぬのである。私が自ら信じて正しいとするところは、いかなる場合においても決して他に譲るようなことをしない。ここが私の絶対にいわゆる「円満」でないところであろうかと思う。

人には老いたると若きとの別なく、誰にでもこれだけの不円満《ふえんまん》なところが、ぜひあって欲しいものである。そうでなければ人の一生も、全く生き甲斐のない無意味なものになってしまう。いかに人の品性は円満に発達せねばならないものであるからといっても、「あまりに円満になり過ぎたるは、なお及ばざるがごとし」と、『論語』先進篇《せんしんへん》に孔子が説いている通りで、人として全く品位のないものになってしまう。

大蔵省総務局の椿事

私が絶対にいわゆる「円満な人間」でない、相応に角《かど》もあり、「円満ならざる人物」だということを証明するに足る——証明という語を用いるのは少し異様だが——実例をちょっと談話《おはなし》してみようかと思う。

私はもちろん少壮《しょうそう》の〔若く意気盛んな〕頃より、腕力に訴えて他人《ひとさま》と争うようなことをした覚えはない。しかし、若い時分には今日《こんにち》と違って、容貌《かおつき》などにもよほど強情らしいところのあったものと思う。したがって他人《ひとさま》の眼からは、今日《こんにち》よりも容易に争いをしそうに見えたものかも知れない。これまで申し述べたうちにも、しばしば談話《おはな》ししておいたように、大久保《おおくぼ》〔利通《としみち》〕公などとも争ったものであるが、私の争いは若い時分から、総《すべ》て議論の上、推理の上での争いで、腕力に流された経験はいまだかつて一度もない。

明治四年（一八七一）、私がちょうど三三歳で大蔵省に奉職し、総務局長を勤めていた時代の頃であるが、大蔵省の出納《すいとう》制度に一大改革を施し、改正法を布《し》いて、西洋式の簿記法を採用し、伝票によって金銭の出納《すいとう》をすることにした。

ところが、当時の出納《すいとう》局長であった人が――その姓名は憚《はばか》りがあるから申し上げかねるが――この改正法に反対の意見を持っていたので、伝票制度の実施に当たって、たまたま過失のあることを私が発見したので、当時者に対してこれを責めると、もともと私が発案実施した改正法に反対の意見を持っていたその出納《すいとう》局長が、えらい権幕で、一日《あるひ》私の執務していた総務局長室に押しかけてきたのである。

その出納《すいとう》局長が怒気《どき》を含んだ権幕《けんまく》で私に詰め寄るのを見て、私は静かにその言わんとするところを聴き取るつもりでいると、出納局長は伝票制度の実施に当たって手違いをしたことなどについては一言の謝罪《あやまり》もせず、しきりに私が改正法を布《し》いて欧州式の簿記法を採用したことについてのみ、かれこれと不平を並べるのであった。

「いったい貴公《おまえ》がアメリカにかぶれて、一から一〇まで彼国《むこう》の真似ばかりしたがり、改正法なんかというものを発案して、簿記法によって出納《すいとう》を行わせようとするから、こんな過失《あやまち》ができるのである」

「責任は過失《あやまち》をした当時者よりも、改正法を発案した貴公《おまえ》の方にある」

「簿記法などを採用してくれさえしなければ、われわれもこんな過失《あやまち》をして、貴公《おまえ》なんかに責められずに済んだのである」

などと、言語道断《ごんごどうだん》の暴言を恣《ほしいまま》にし、少しも自分たちの非を省みる模様がないので、私もその非理屈《ひりくつ》にはやや驚いたがなお憤《いきどお》らず、

「出納《すいとう》の正確を期せんとするには、ぜひとも欧州式簿記法により伝票を使用する必要がある」

と、諄々《じゅんじゅん》と説いて聞かせたのである。しかし、その出納《すいとう》局長は、少しも私の意見に耳を貸さぬのみか、二言《ふたこと》三言《みこと》、言い争った末、満面あたかも朱《しゅ》を注《そそ》げるごとく紅《あか》くなって、拳固《げんこ》を振りあげ、私目がけて打ちかかってきたのである。

その男は小身長《こせい》〔身長の低い〕の私にくらべれば、身長《せい》の高い方であったが、怒気心頭《どきしんとう》に発して足がフラついていた上に、あまり強そうにも見えず、私はとにかく、青年時代において相当武芸も仕込まれ、身を練《きた》えていたことでもあるから、あながち腕力がないというわけでもなかった。かりそめにも腕力に訴えて無礼をしたら、ひと拈《ひね》りに拈《ひね》ってやるのは何でもないことだと思ったが、その

男が椅子から立ちあがって、拳を握り腕を挙げ、阿修羅《あしゅら》のようになって猛《たけ》り狂《くる》い、私に詰めかけてくるのを見るや、私もすぐ椅子を離れて、ヒラリと身を翻《かわ》し、全く神色自若《しんしょくじじゃく》〔精神と顔つきが落ちつき、平然としているさま〕として、二、三歩ばかり椅子を前に控えて後部《うしろ》に退《しりぞ》いた。その男が拳の持って行きどころに困り、マゴマゴして隙を生じたのを見て取るや、すかさず泰然《たいぜん》たる態度で、

「ここは役所でござるぞ。何と心得《こころえ》召さる。車夫馬丁《しゃふばてい》の真似をすることは許しませんぞ。お慎みなさい。」

と一喝したものだから、その出納《すいとう》局長も、悪いことをした、田夫野人《でんぷやじん》の真似をした、というのにハッと気がついたのか、せっかく振りあげた拳を引っ込めて、そのままスゴスゴと私のいた総務局長室を出て行ってしまったのである。

争わぬ青年は卑屈となる

その後、その男の進退に関しいろいろと申し出る者もあり、また、

「官庁の中で、上官に対し暴力を振るおうとしたのはけしからん」

などと騒ぎ立てる者もあった。私は気にとめていなかったものの、省中の者が当の私よりもかえって憤慨し、右の事情を詳しく太政官《だいじょうかん》に内申したため、太政官でも放っておくわけにゆかず、その男

はついに免職されるに至った。そのことは、今なおはなはだ気の毒に思うところである。

　今の私のように、すでに七〇の坂を越してしまった老人ですらも、世間の方々がご覧になってお考え下されているほどに、いわゆる「円満の人物」でなく、「争わねばならない時には、どこまでも躊躇《ちゅうちょ》せず争う」ほどの者であるとしたら、言うに及ばず、まだ年齢の若い元気の充満した青年子弟諸君が、「一にも二にも争いを避けよう」というような精神ばかりを持って世に立とうとするのはもってのほかのことである。そうなればどうしても卑屈に流れ、取り柄のない人間になってしまうものである。

　老人になってからはともかく、青年のうちは、他人の気色《きしょく》ばかりを窺《うかが》って、「争いを避けよう」などとせず、「争うところはどこまでも争ってゆこう」との決心を、絶えず胸の中に持っていることが必要である。この精神がなければ若い青年は死んだも同じになってしまう。

「みだりに他《た》に屈せず、よく他《た》と争って勝とう」という精神があればこそ、人には進歩発達がともなうのである。卑屈で反発心のない青年は、たとえば「塩がその味を失ってしまった」のと同じで、どうしようもなくなってしまう。

　青年子弟諸君はよくこのことを心得ておくべきである。「独立独歩《どくりつどっぽ》」とか、「艱難《かんなん》の間に道を切り開いて立身出世をする」とかいうことも、もとを正せば「争いを辞せぬ覚悟」のあるところよりくるものである。「争いを辞せぬ覚悟」がなければ、青年は決して世の中に立って成功できるものでない。

私が今日《こんにち》どうにかなっているのも、信ずるところは曲げないで、争うところは飽くまでも争ってきたのにもとづくことだろうと思う。

時期を待つ要あり

いやしくも人と生まれ―とりわけ青年時代において、「絶対に争いを避けよう」とするような卑屈の根性では、とうてい進歩する見込みも発達する見込みもなく、また社会進運《しんうん》の上にも争いが必要であることは、これまで散々申し述べた通りの次第であるが、「争いを強《し》いて避けぬ」と同時に、「時期の到来を気長に待つ」ということも、処世の上には必要不可欠のものである。

私は今日《こんにち》でももちろん、争わざるを得ないところは争いもするが、半生以上の長い間の経験によっていささか悟ったところがあるので、若いときのように争うことをあまり多くしなくなったように、自分ながら思われる。

これは、世の中のことは、

「こうすれば必ずこうなるものである」

という因果の関係をよく呑み込んでしまったからである。すでにある事情が「因」を成して、ある結果を生じてしまっているところに、突然横から現れていかに形勢を転換しようとして争ってみたところで、因果の関係は、にわかにこれを断つことのできるものでない。ある一定の時期に達するまでは、到底人力で形勢を動かすことのできぬものであることに思い至ったからである。

人が世の中に処してゆくのには、形勢を観望《かんぼう》〔うかがい見ること〕して、気長に時期の到来を待つということも、決して忘れてはならない心がけである。正しきを曲げんとする者や、信ずるところを屈せしめんとする者があれば、断じてこれと争いなさいと、青年子弟諸君にお勧めする傍《かたわ》ら、私はまた、気長に時期の到来を待つ忍耐もなければならないことを、ぜひ青年子弟諸君に考えておいていただきたいのである。

官尊民卑《かんそんみんぴ》の弊《へい》止《や》まず

私は日本の今日《こんにち》の現状に対しても、極力争ってみたいと思うことがないでもない。幾らもある。とりわけ、日本の現状で私の最も遺憾に思うのは、官尊民卑《かんそんみんぴ》の弊《へい》〔ならわし〕がいまだに止《や》まないことである。官にある者ならば、いかに不都合なことを働いても、たいていは看過《かんか》〔見のがすこと〕されてしまう。

たまたま世間の物議の種を作って裁判沙汰となったり、あるいは、隠居をしなければならないような羽目に遇《あ》う場合もないではないが、官にあって不都合を働いている全体の者に比較すれば、実に「九牛《きゅうぎゅう》の一毛《いちもう》〔たくさんの牛の中の一本の毛〕」、大海の一滴」にも当たらず、官にあるものの不都合な行いはある程度まで黙許《もっきょ》の姿であるといっても、あえて過言でないほどである。

これに対し、民間にある者は、少しでも不都合の行いがあればすぐに摘発されて、たちまち縲絏《るいせつ》〔罪人として捕らわれること〕の憂目《うきめ》に遭わねばならなくなる。不都合の行いがある者は総《すべ》て罰せねばならぬのならば、その間に「朝《ちょう》にある」と「野《や》にある」との差別を設け、一方にゆるやかに、一方に酷《こく》であるようなことがあってはならない。もし寛恕《かんじょ》〔大目《おおめ》〕に看過すべきものならば、民間にある人々に対しても、官にある人々に対すると同様に、これを見過してしかるべきものである。それにもかかわらず、日本の現状は今もって官民の別により寛厳《かんげん》の手心《てごころ》〔寛大と厳格の加減〕を異にしている。

また、民間にあるものが、いかに国家の進運《しんうん》に貢献する功績を挙げても、その功績が容易に天朝《おかみ》に認められないのに対し、官にある者は寸功《すんこう》があったのみでも、すぐにそれが認められて恩賞にあずかるようになる。これらの点は、私が今日《こんにち》において極力争ってみたいと思うところだが、たとえ私がいかに争ったからといって、ある時期の到来するまでは、到底大勢を一変するわけにゆかないものと考えている。そのため、目下のところ私は折に触れ不平を漏らす程度にとどめ、あえて争わず、時期を待っているのである。

江藤新平と黒田清隆

私がお見受けしたところでは、維新時代の英傑の中で、よく他人《たにん》と争い、腕力に訴えてまでも、また理が非でも何でもかまわず、我理無理《がりむり》に我論我流《がろんがりゅう》を通そうという性行《せいこう》のあった方は、西郷隆盛《さいごうたかもり》公（一八二八〜一八七七）とともに「征韓論」を主張し、その義の行われぬことに業《ごう》を煮《に》やして参議を辞し、郷国佐賀の不平士族たちに擁《よう》され、島義勇《しまよしたけ》氏（一八二二〜一八七四）と志《こころざし》を合わせ、旧佐賀城を拠点に兵を挙げ、敗北するや鹿児島に走って西郷隆盛《さいごうたかもり》公に救いを求めるも聴かれず、ついに高知県下で捕らわれ、明治七年（一八七四）四月一三日に四〇歳で、

「国を思う人こそ知らめ丈夫《ますらお》が心つくしの袖のなみだを」

の辞世《じせい》一首を遺《のこ》して斬首《ざんしゅ》の刑に処された江藤新平《えとうしんぺい》氏（一八三四〜一八七四）であろうかと思われる。

江藤《えとう》氏は至極性急《しごくせっかち》の質《たち》で、自分のいったん言い出したことは、いかなる場合にも曲げず、腕力に訴えてまでも他人《ひと》と争い、無理にも自分の意見を通そうとしたもので、時期の到来を待てなかった人である。明治五年（一八七二）、司法卿《しほうきょう》に任命されて、各府県に裁判所を設置しようとしたが、大

蔵省と経費の点で確執を生じた時なども、ずいぶん豪《えら》い権幕で大蔵省の当局者と争ったものだ。

江藤《えとう》氏に次《つ》いでは、明治四年〔一八七一〕に欧州より帰朝して参議兼開拓使長官に任命され、北海道開拓事業の基《もとい》を開き、米国よりクラーク博士〔一八二六〜一八八六〕を招聘《しょうへい》して札幌の農科大学を創設し、明治二一年〔一八八八〕より二八年〔一八九五〕までの間に、前後四回も内閣総理大臣もしくは同代理を勤め、明治三三年〔一九〇〇〕に六一歳で薨去《こうきょ》になった黒田清隆《くろだきよたか》伯〔一八四〇〜一九〇〇〕も、よく他人《ひと》と争い、時に腕力に訴えてまでも、我論我流《がろんがりゅう》の意見を通そうとされた方であったかのように思われる。

木戸孝允と大久保利通

維新当時「桂小五郎《かつらこごろう》」と称した木戸孝允《きどたかよし》公〔一八三三〜一八七七〕は、江藤新平《えとうしんぺい》氏や黒田清隆《くろだきよたか》伯などとは、まったく性行《せいこう》〔日常の性質と行い〕の違った方で、他人と争うことなどはほとんどなかったものである。

私は木戸《きど》公と親密のご交際を願ったわけでもないが、その平素《へいそ》〔普段〕の性行《せいこう》より察するに、何事に接しても、「時期を待つ」といったような態度で、たとえ自分の意見が行われないからといって、他人と争ってまでも無理にこれを通そうなどとはせず、なりゆきに任せておき、静かに形勢を観望して、時節の到来を気長に待っておられたものであるかのように思われる。

大久保公《おおくぼこう》〔大久保利通《おおくぼとしみち》。一八三〇～一八七八〕に私が嫌われたことは、これまで談話《おはなし》したうちにも詳しく申し述べおいた通りであるが、あの場合は私が、大久保公《おおくぼこう》が財政のことにろくに通じもせぬ癖に、勝手気ままな意見を主張するものと考えて反対したのと、また大久保公《おおくぼこう》が薩摩人の性癖《せいへき》から、私の率爾《そつじ》〔軽率なこと〕として反対意見を述べたのが癪《しゃく》に障《さわ》り、生意気なことをいう若輩だと思われたことから起こった争いで、むしろ大久保公《おおくぼこう》一生の性行《せいこう》中で例外に属すべきものである。だいたいからその平素《へいそ》をいえば、大久保公《おおくぼこう》は江藤《えとう》氏や黒田《くろだ》伯とは違って、容姿の閑雅《かんが》〔上品で優雅〕な、挙動に落ちついたところのあった方で、容易に他人《ひと》と争われるようなことをされなかったものである。

私と争った場合のことについていえば、もし大久保公《おおくぼこう》に今一段と大きな性格がありさえしたら、あの場合にも私などと争わず、私の言うことにも理があるから、一つその意見を訊《ただ》し、詳細を聞いてやろうとの気を起こされるはずだと思うのである。ここが、木戸《きど》公と大久保《おおくぼ》公との異なるところである。

伊藤博文の争いぶり

伊藤博文《いとうひろぶみ》公〔一八四一～一九〇九〕は、また木戸《きど》公や大久保《おおくぼ》公とやや違ったところがあって、争いを避けず、ずいぶんよく他人《ひと》と争われたものである。しかし、江藤《えとう》氏や黒田《くろだ》伯のされた争いとも違って、全く議論上の争いで、すこぶる議論の好きな方であった。理が非でも自分の意見を我理《がり》に通そうというのではない。議論の上で相手を説服《せっぷく》し、その上で自分の意見を行おうというのであったように思われる。そのため、伊藤《いとう》公が相手と議論をされる時には、必ずまずその相手を無学な者とみて、議論を浴びせかけてくるような癖のあったものである。

伊藤《いとう》公の議論は総《すべ》て論理で築きあげたもので、この手で相手を説服《せっぷく》できない時には、他の手で説《せっ》服《ぷく》するといったような具合に、四方八方から論理ずくめで、ピシピシと攻め寄せてこられたものである。そのうえ、伊藤《いとう》公は議論において、必ず古今東西の例をたくさん引証《いんしょう》〔証拠として引用〕されるのを常とした。その博引旁証《はくいんぼうしょう》〔広範囲に多くの例を引き、証拠を示して説明すること〕には、一度伊藤《いとう》公と議論を交わした者は、誰でも皆な驚かされたものである。

伊藤の議論ぶり

こんな風で、伊東《いとう》公は議論さえすれば、必ずその犀利精到《さいりせいとう》〔鋭く周到〕なる論理と、その豊富なる博引旁証《はくいんぼうしょう》とによって相手を叩きつけ、議論の上から敵をして「グウの音《ね》も出せない」ように説破することを心がけられたが、また一方においては、議論の相手を扱う呼吸をもよく心得ておられたものである。

例の博引旁証《はくいんぼうしょう》と論理とに叩き続けられて、相手が大いに興奮してきたなと見て取ると、伊藤《いとう》公はちょっと論鋒《ろんぽう》〔議論の鉾先〕を外して、しばらく論理や例証で相手をピシピシ攻めつけることを止め、相手の気が落ちついて興奮の度を減ずるまで、塩加減を測って待っていたものである。

伊藤《いとう》公の議論ぶりを知らない人は、これで議論が終結に及んだのかと思うが、豈計《あにはか》らんや、なかなかもってそうではない。相手の気が落ちついて興奮がなくなった頃合を見計らい、またしても中入前《なかいりまえ》〔中入《なかいり》は相撲や寄席などの休憩時間。中入前《なかいりまえ》は休憩前のこと〕の議論に立ち帰って、あらためて再び得意の論理と博引旁証《はくいんぼうしょう》で、相手をいよいよ説服《せっぷく》し得るドン底のところまで叩きつけ、攻めつけてくる。ここに伊藤《いとう》公の特色があったように思われる。

このように議論好きで、議論の上では好んで他人《ひと》と争われた伊藤《いとう》公も、私人としての交際の上では決して他人と争われなかったものである。議論上での争いは、皆な国事に関し、公《おおやけ》のことに関したもののみである。

大隈重信のその昔

大隈《おおくま》伯〔大隈重信《おおくましげのぶ》。一八三八〜一九二二〕も昨今では、主として他に説き聞かせる側の人になられて、ほとんど説き聞かせる一方のように見受けられるが、これはお年齢《とし》も進み、国家の長老となられたからのことで、私などが大蔵省でご一緒致した頃──またその後になってからでも、まだ若いうちは、今日《こんにち》のように説き聞かせる一方でなく、ずいぶんよく他人《たにん》の意見に耳を傾けられ、これを善《よ》しと見れば、採用することに躊躇《ちゅうちょ》されなかったものである。

大隈《おおくま》伯なども、維新の元勲《げんくん》中では、他人《ひと》と争わない側の部に属された方であろうかと思われる。もっとも明治初年（一八六八）のまだ若かった頃から、多少今日《こんにち》のような傾向がその性行《せいこう》中になかったこともなく、好んで壮快な議論を交わされたものではある。しかし、よく他人《ひと》の意見にも従われ、「他と争ってまでも我理我流《がりがりゅう》をあくまで貫徹《かんてつ》しよう」というような、江藤《えとう》氏や黒田《くろだ》伯にあった流義を持たなかった方である。

第八話　哀楽の中庸を得る心がけ

人はとかく極端に走りがちである

子曰《しいわ》く、関雎《かんしょ》は楽《たの》しみて淫《いん》せず、哀《かな》しみて傷《やぶ》らず。

孔子は言った。「関雎の『詩経』の夫妻和合の詩は、楽しくても淫《みだ》りに流されず、哀《かな》しげであっても〔心を〕痛めることがない」と。〔『論語』八佾篇《はちいつへん》〕

「関雎《かんしょ》」の関はミサゴの「和らいだ鳴き声」を表した言葉で、雎《しょ》は雎鳩《しょきゅう》、すなわちミサゴのことである。この「関雎」は『詩経』の冒頭にある詩篇で、文王《ぶんおう》〔周王朝の基礎をつくった王で、儒家の模範とされる〕とその后妃《こうひ》〔太姒《たいじ》〕との睦《むつ》まじい仲を、ミサゴという鳥の群れが川の洲で楽しげにしている光景になぞらえて謡《うた》ったものである。

窈窕《ようちょう》たる淑女《しゅくじょ》〔美しくしとやかな淑女のこと〕は、文王という君子を得るまでは、とても寝つけぬような苦悶の日々を送っていたが、だからといって悲しんで心身を傷つけるような迂闊《うかつ》なことはなかった。また、文王と后妃は結婚してからも、楽しみに溺れて道を踏み外すようなことはなく、哀楽の中庸《ちゅうよう》〔かたよらず、中正の道〕を得て、調和を保っていた。そのことを褒め称えた詩が、この関雎《かんしょ》の一篇である。孔子はこの詩を引用して、人は悲しむときも楽しむときも、極端に走ってはならないものだと戒めたのである。

総じて人間というものは何事においても、極端に走りやすいものである。楽しむときには調子に乗って有頂天となり、悲しむときには前後を忘れて、ややもすると、昔ならば腹を切るとか、最近ならば首をくくるとか、入水《じゅすい》〔水中に身を投げて自殺すること。身投げ〕するといった自暴自棄《じぼうじき》に陥りやすいものだ。

一度駆け出してしまった心は意馬心猿《いばしんえん》〔奔走する馬や騒がしい猿のように、人間の煩悩・欲情など制しがたいもののたとえ〕のようなもので、簡単に止められるものではない。目の前に大きな溝が横たわっているのに薄々気がついていながらも、一気に乗り越えてしまおうとするのが人情の弱点で、「楽《たの》しんで淫《いん》せず、哀《かな》しんで傷《やぶ》らざる」心持ちを維持することは、なかなか難しいことである。これを実行していくことのできる人こそが君子であり、世間にはこのような人が少ないのである。

渋沢には至らないところがある

私なども、このような極端に走ることがないようにと、及ばずながら常に心掛けている。しかし、徳が薄いためか、孔子の教えを実行することができず、まだまだ至らないところが多い。

「楽しんで淫《いん》せず、哀《かな》しんで傷《やぶ》らず」

という境地に入りきることができず、どちらかといえば、

「楽しんで淫《いん》し、悲しんで傷《やぶ》れる」

という側に属する者である。これは自分ながら青年諸君に対しても、非常に恥ずかしく、面目なく思っている次第である。

仮にも世間で生きてゆくうえで過ちのない道を歩もうという志をもつ者ならば、いかに人を憎んでもその良い部分を知り、いかに人を好んでもその悪い部分を知るような気持ちがなければならない。しかし、言うことは簡単でも実行することはなかなか難しい。下世話《げせわ》〔世間のうわさ話〕にも言うように、好きになった人ならばアバタでもエクボに見えるようになる。人は愛に溺れてはならないように、憎悪にも溺れてはならないのである。

学者がややもすると学問に流れて実際を軽んじ、実際家が実際に流れて学問を軽視するようになるのも、「楽しんで淫《いん》し、悲しんで傷《やぶ》れる」ことと同じと言わねばならない。学者が実際を軽くあつ

かうのは、学問を愛するあまり、その愛に溺れてしまうからである。実際家が学問を疎《うと》んじるのも、実際を愛するあまり、その愛に溺れてしまうからである。

人間はなにかにつけて溺れやすいもので、楽しみに溺れるように哀しみにも溺れるものである。哀楽を中庸《ちゅうよう》〔かたよらず、過不足のないさま〕させて世を渡ることは、至難《しなん》の業《わざ》といってよい。だからこそ、孔子も、

「好んでその悪を知り、疾《にく》んでその好《よ》きを知るは難し〔好きな人物の悪いところを知り、嫌いな人物の良いところを知ることは難しい〕」

と言っている。中庸を失って学者が学問に溺れ、実際家が実際に溺れてしまえば、たとえその人が無類の正直者であったとしても、その人の言葉や行いには、知らず知らずのうちに嘘が多くなり、

「良いものを悪い」

と言い、

「悪いものを良い」

と言い、良くないことも、あえてやるようになってしまうおそれがある。これが人生の弾みというものであり、処世において最も戒《いまし》めるべきものは、弾みに乗って調子づかないようにすることである。一時は成功しているように見えた人がたちまち失敗するのは、みな弾みに乗って調子づくから

である。

極端に節度を守れば残酷陰険になる

楽《たの》しんで淫《いん》せず哀《かな》しんで傷《やぶ》らず、その悪を疾《にく》んでその好《よ》きを忘れない人は節度のある人で、節度のある人でなければこのような中庸《ちゅうよう》は得られないものである。しかし、節度のある人でもまた、人間であるがゆえの悲しさで、欠点を伴うものである。ひとたび楽しめば淫《いん》する〔節度を踏み外す〕ほどになり、ひとたび悲しめば傷《やぶ》れるまでになって、極端に走りやすい人であっても、また捨てがたい美点のあるものである。〔例えば〕人情に厚く、どこまでも他人の世話を焼いて、面倒を見てやろうと片肌《かたはだ》脱ぐのは、このような人に多い。

これに対し、常に何事にも極端にならないように心がけ、走りかけても途中で考えるというほどの、どこまでも節度を重んじることをもって処世の方針とする人は、人情に薄く、物事にも人にも深くはまることはなく、なんとなく冷淡で残酷な性情《せいじょう》〔性質と行状〕をもっているものである。少し悪意に解釈する人の眼から見れば、

「陰険なところがある」

と言われても、否定はできないような傾向をもっているのが、節度ある人の欠点と申すべきものだ

ろうといえる。

私は、青年諸君に向かって、人間は、孔子の教えたように、「楽しみて淫《いん》せず、哀《かな》しみて傷《やぶ》らず」で、人の悪を憎んでもなおその良い部分を知るほどの、節度ある人物にならねばならぬものだとお勧《すす》めする。また同時に、節度を守りすぎるあまり、薄情になり冷淡になり、残酷になってしまうようなことがあってはならないとも忠告したいのである。

世の中というものは、決して理知〈理性と智慧〉ばかりで渡れるものではない。そこに温かい人情がなければならないものである。節度を守ることについても、やはりまた中庸《ちゅうよう》を得ることが大切である。節度を守ることも、あまり極端になってしまえば、「楽しんで淫《いん》し、哀《かな》しんで傷《やぶ》れる」のと、大した差がないことになる。ここが、実際に臨んで行動するにあたって、なかなか難しいところである。

徳川慶喜公は中庸ある人

さて、このように、楽しんで淫《いん》せず、哀《かな》しんで傷《やぶ》らず、よく節度を守り、それでいて薄情にも冷淡にもならず、残酷にもなることのない敦厚《とんこう》〈篤実で人情に厚いこと〉という資性《しせい》〈天性の資質〉を具《そな》えた人というのは、はたして最近の社会に誰かいるだろうか。見回すに、私の寡聞《かぶん》〈見聞が狭いこと〕もあるだろうが、なかなか簡単には見当たらない。今日まで、そのような人に接したことがないと言っていいほどである。

しかし、徳川慶喜公だけは、このような人であったと言っても過言ではないであろうと存ずる。慶喜公がこのような人だと私が考えるのは、慶喜公は普段から極めてふるまいのいたって正しい方で、節度のある人であったため、そのように私に見えたものかも知れない。私は慶喜公に接して、哀しんで傷らずとは、いかにも慶喜公のようなお人を指したものだろうと思ったことがある。

私がフランスに行く前、慶喜公にお目にかかったときは、徳川一五代の将軍として拝謁《はいえつ》したのであったが、それから二年後に帰国し、明治元年〔一八六八〕の暮れに静岡でお目にかかったときには、すでに政権を返上され、同地の宝台院という小さなお寺に、ご謹慎の意を表すため「御《お》引《ひき》籠《こも》り中」であった。ご謹慎中のことゆえ、誰にも面会しないことを原則としていた。しかし、私が民《みん》部《ぶ》公《こう》子《し》〔徳川昭武《あきたけ》〕のお供をしてフランスへ行ったことや、私の身分が低かったことから、会っても朝廷に対して差し支えないだろうということで、拝謁を許されることとなった。

「拝謁を賜る」とのご沙汰があり、宝台院に行くと、私が通されたのは六畳ばかりのとても狭苦しい、汚い、薄暗い、畳敷きの小さな部屋であった。その畳というのがまた非常に粗末なもので、その部屋に比べると、私の今の飛鳥山の自宅の玄関の方がはるかに立派であるどころか、私の自宅の女中部屋にも劣るほどの汚いものであった。それが、慶喜公が私に拝謁を賜る応接間であった。

泣けて頭が上がらなかった

私がしばらく待っていると、慶喜公はその汚い、狭い、薄暗い部屋に入られて、私のすぐ前にお座りになった。羽織袴《はおりはかま》姿で、座布団さえも使わずに汚れた畳の上にじかに座り、私に拝謁を賜ったのである。二年前に一五代将軍として拝謁した時とは、まったく打って変わったお姿であった。

私はこのお姿を拝見し、ハッと頭を下げたまま上げることができず、

「何という情けないお姿になられたのであろう」

と思うと、泣けて泣けてたまらなかった。しばらくの間は何も申し上げることができず、ようやく口が開《き》けるようになると、まず出たのは愚痴で、私はいろいろ泣き言《ごと》じみたことを申し上げようとした。このときにも慶喜公は、少しも哀しんでいるような様子はなく、取り乱しているようなところもなかった。それどころか眉一つ動かすことなく、私が愚痴を申し上げようとするのを止《と》め、

「昔のことは何も話してくれるな。そんな話をされては、はなはだ困る。フランス留学中の民部《みんぶ》のことを聞こうと思って会ったのだから、民部の話をするように」

とおっしゃった。私はその言葉を聞くや、

「しまった！　ご謹慎中であることを考えず、悪いことを申し上げてしまった」と気がつき、それきり愚痴話は止めてしまい、民部公子のフランス留学中の様子を申し上げて退出したのであった。節度がなく、哀しんで傷《やぶ》れるような人ならば、私が愚痴でも言おうものならば、同情者でも得たような気分になって、愚痴に相槌《あいづち》を打つものである。しかし、慶喜公は泰然自若《たいぜんじじゃく》として、私の申し上げようとした愚痴を制止されたことには、今もなお感服している。

節度が何事にも大切なものであるということは、ここまで述べたとおりであるが、これは義を遂げるにあたっても大切なものである。義を進めて悪を退けるのがいかに正しい道であるからといって、節度を忘れて、親が子の悪を暴《あば》いたり、子が親の悪を暴き、師匠と弟子や年長者と年少者が、互いに他の非ばかりをあげつらうようになってしまえば、あまりにも極端である。

それゆえに孔子も『論語』子路篇で、

孔子《こうし》曰《いわ》く、吾《わ》が党《とう》の直《ちょく》なる者《もの》は、是《これ》と異《ことな》り。父《ちち》は子《こ》の為《ため》に隠《かく》し、子《こ》は親《おや》の為《ため》に隠《かく》す。

孔子が言った。「わが郷里の真っ直ぐな者は、父親は子のために、子の悪事を隠し、子供は父親のために、父の悪事を隠す。真っ直ぐな者の意味はそのなかにある」と。〔『論語』子路篇《しろへん》〕

と言っている。ここに本当の正しい道があり、節度の美があるのである。

第九話　人の過失に二種類

孔子は何事にも淡然

成事《せいじ》は説《と》かず、遂事《すいじ》は諫《いさ》めず、既往《きおう》は咎《とが》めず。

終わったことは言いたてない。済んだことは諫《いさ》めない。過去は咎《とが》めない。〔『論語』八佾篇《はちいつへん》〕

魯《ろ》の哀公《あいこう》が孔子の弟子の宰予《さいよ》に対し、

「氏神《うじがみ》の社殿には、どのような樹木を植えたらよいだろうか」

と質問した。宰予は、哀公が季孫《りそん》・叔孫《しゅくそん》・孟孫《もうそん》という三家と仲違いになっており、このもとを去ろうとしている気持ちを察し、あたかも忠臣蔵の加古川本蔵《かこがわほんぞう》が松の枝を切って主君桃井若狭之助《もものいわかさのすけ》を諷《ふう》諫《かん》する〈遠回しに諫《いさ》めること〉ように、社殿に植える樹木の種類にことよせて、

「威をもって季孫・叔孫・孟孫の三家に臨み、彼らを戦慄《せんりつ》させてしまえばよいでしょう」

と答えた。このことを孔子が聞き知り、宰予の不心得を戒めた教訓がこの章句であり、「何事も、過去にさかのぼって人を咎《とが》めだてするのは良くない」と説いたのがその趣意である。

これまでもしばしばお話ししたように、孔子はいたって執着心の薄い方で、万事あっさりし、ネチネチしたところの決してない性格で、どのようなことに対しても、またどのような人に対しても、常に淡然《たんぜん》〔あっさりとしたさま。さっぱりとしたさま〕としていた方である。すでにできてしまったことは、後からとやかく言ったところで仕方がない。すでに遂《と》げられてしまったことを、今更よろしくないからといって諫《いさ》めたところで、格別効果のあるものでもない。

「すべて既往《きおう》〔過ぎ去ったこと、過去〕は、咎《とが》めぬほうがよいぞ」

と言われたのは、孔子が万事に淡然としていたという特徴を誠によく表した言葉である。

人の過失には二種類ある

いかにも孔子の教えのように、過ぎ去ったことにあくまでも執着し、これをいつまでも問題にして騒ぐのは実にもって愚《ぐ》の骨頂《こっちょう》で、死んだ子の年齢をいくら数えても蘇《よみがえ》るものでもなければ、また覆水《ふくすい》は決して盆に環《かえ》るものでもない。人は過去に憧憬《しょうけい》することなく、将来を望み現在に努力すべきである。これは青年子弟諸君においても、常に心に留めていただきたいことである。

しかし、人の過失はいかなる種類のものでも、すべて大目に見過《みす》ごし、これを責めなくてもよいかというと、決してそうではない。ある種類の過失は、社会のためにも、また当人のためにも、責めるようにしなければならないのである。

おおまかに言えば、人の過失には二種類ある。一つは無意識の過失で、もう一つは有意識〔故意〕の過失である。

人の過失を責めるか否かは、過失として外部《そと》に現れた結果よりも、まず過失を生み出すに至ったその人の心事《しんじ》〔心に思うことと、実際の事実〕を調べて、それから後に決めるべきである。事理《じり》〔物事の筋道や道理〕や形勢に対する判断を誤ったために生じた過失であるとか、また俗にいう出来心、すなわち一時的に物我《ぶつが》〔外物と自我〕におおわれて、周りが見えなくなってした過失などは、あえてその人が過失をしようと初めから企んでしたものではない。つまり無意識の過失に対しては、単に将来を注意するぐらいに止め、あまり追及して責めるべきではない。

しかし世の中には、また悪い心事《しんじ》を抱いている者がいて、初めから過失を生み出すことを心がけて物事に当たり、様々な陣立てを整え〔準備をし〕、これによって他人を陥《おとしい》れたり、あるいは他人に損害を加えたりなどして、ひとえに我が利益だけをはかろうとする者がいる。会社の設立などに際しても、このような悪い心事をもって創立を発起し、事業の失敗を予定の計画のように心得る不所《ふしょ》存者《ぞんしゃ》〔不心得の人。悪意のある人〕がないでもない。このようにして醸《かも》される過失は、有意識〔故意、意図的〕の過失である。これは社会の利益幸福を増進する点から考えても、また当人を改心させる上からみても、あくまで責めなければならないものである。

悲観的な人は残酷なものである

過失に二つの種類があるように、他人の過失に対してもこれを責めるのに酷《こく》な人と、あまり責めずに寛大に過ごす人との二種類がいる。何によって、他人の過失に対して酷な人と寛大な人との違いが生じるのかといえば、これは主に性情《せいじょう》〔うまれつきの性質。気立て〕の問題である。その人の性情によって酷にもなれば寛大にもなるもので、これはまた、人の性情の差によって物事を楽観する人と悲観する人との違いが生じるのと同じである。おおまかに言えば、悲観的傾向のある人は、他人の過失を責めるのに酷であり、楽観的傾向のある人は総じて寛大で、あまり他人の過失などを責めないのである。

故井上〔馨〕侯は、世間によく知られているとおり、非常に悲観的な傾向のあった人で、あらゆる物事を悲観すると共に、また他人の過失を責めるのにも厳しい性質であった。それゆえ、何事に対しても、その及ぼす影響より先に、まずその生じる弊害を考えて指摘し、誰に対してもその長所を認めるよりは、まずその欠点を見ることに努められたものである。したがって、井上侯は外観からみて、やや残酷に思われるような性格を有していたものである。

一般普通の人間ならば、教育が普及して国民に学問があるようになったと聞けば、喜ぶのが順当であるが、井上侯は決してこれを喜ばず、直ちに教育を普及させることの弊害をみて、

「教育が普及して国民の知識程度を高める結果は、高等遊民〈高い教育を受けていながら、定職につかず自由気ままに暮らしている人など〉を増やして、国家に災害をもたらす恐れがある」

と嘆いた。また、どんなに学者が堂々たる立派な財政論を発表するのを見られても、

「あれですぐ金を貸してくれと頼みに来るんだから、財政論も何もあったものでない」

と罵倒《ばとう》されたものである。私がいろいろ合本《がっぽん》組織の必要を唱え、会社の設立などに奔走しているのを見られても、

「お前などがあんなふうに先棒《さきぼう》になって〈先に立って〉会社会社と騒ぐものだから、会社の乱立となって財界を悲境《ひきょう》〈良くない状況。逆境のこと〉に陥らせ、ひいては国家の財政を紊乱《びんらん》〈乱すこと〉させるのだ」

などと言われたもので、財政に関しても常に悲観説を抱かれたのである。

井上馨と大隈重信との例

私は、井上侯が何事に対してもその弊害ばかりを列挙して説かれ、盛んに悲観説を唱えられるのを聞くたびに、常にこれに反対したものである。盾《たて》には両面があるもので、弊と共に必ずまた利もある。利害とか欠点・長所とかは、あたかも糾《あざな》える縄《なわ》の如く〔より合わせた縄のように〕、決して単独で存在するものではない。利のあるところには必ず弊害を伴い、弊害のあるところにはまた利が潜《ひそ》んでいる。人は欠点ばかりの人物でありえぬように、美点・長所ばかりの人物にもなりえぬものである。

会社組織は社会に利を与え、産業の発達に貢献する存在に違いないが、同時に弊害もある。会社を発起《ほっき》する者の中には、株主の出資した他人の金銭を預かっておきながら、少しも事業を進捗《しんちょく》させず、株金《かぶきん》〔出資金〕を着服し、私消《ししょう》〔勝手に私用に消費すること〕してしまう者もある。また、親しく事業の経営に当たっても、少しプレミアムでもついて株式の値段が高くなったと見てとるや否や、直ちに自分の持ち株を売り抜いて後難を避けることにひたすら努め、自ら発起した事業に対して、少しも誠意を持たない者もいる。はなはだしきに至っては、会社を発起する当初から、世人《せじん》〔世間の人〕を騙して資金を寄せ集め、これを私消しようと目論《もくろ》む者さえいる。

いずれも嘆かわしい現象に違いないが、これはただ会社の弊害を挙げたのみで、このように弊害が多いように、会社はまた絶大な効益《こうえき》〔役に立つこと。ためになること。利益〕を社会に与えるものでもある。井上侯は何事にも弊害のある方面だけを見て、社会に与える利益を看過《かんか》〔見落とす。見すごすこと〕される癖があったから、私は常に井上侯に向かい、物事の良い方面もごらんになるようにと、お勧めしたものである。

それに対して、大隈〔重信〕伯は井上侯と全くその態度を異にしており、非常に楽観的で、何事に対しても弊や害を見られずに、社会に及ぼす効益を挙げて喜ばれる傾向の人である。

渋沢の人と事に対する態度

教育が普及してきたと聞けば、

「国民がみな智者になるから、結構なことである」

と喜ばれたのは大隈伯である。大隈伯に対して、いかに議論を吹きかけてくる者があっても、伯は少しもこれを意に介さず、

「争いは国を富ますものである」

などと言って喜ばれる。議会などでも、大隈伯はずいぶんいろいろな議論責めにあうものだから、私

がそれに同情するつもりで

「時には議員に難題を持ちかけられて、ご迷惑なさることもあるでしょう」

などと言うと、その時にもまた例の通り、

「争いは国を富ますものだ」

といって少しもこれに辟易《へきえき》せず、依然として喜んでいるのが大隈伯である。

大隈伯が、このように何事に対しても楽観し、いささかなりとも悲観せず、あくまで喜んだ様子ばかりを見せて、苦しむとか困るとかいう様子を少しも示さないのは、その間に多少無理があっても我慢し、悲観的な態度を示さないように努めているからであろうが、それよりも、大隈伯の性情が根本において井上侯などと違って、楽観的なことに基づくのである。

私は、井上侯のように、あらゆることに対して悲観的な態度を取るものではない。だからといって、また大隈伯のように、全てが楽観的だというわけでもない。事に対しては井上侯のように悲観的態度を取り、人に対しては大隈伯のように楽観的態度を取ることを、私の本領としているのである。

事に対しては、あくまでも悲観的態度を取って、念の上にも念を押し、注意の上にも注意を加え、万事失敗を招かないように用心しておかないと、とかく事《こと》というものは敗《やぶ》れやすいものである。事に対して楽観的な態度を取れば、人はどうしても調子づいてきて注意が疎《おろそ》かになり、失敗せずに済むことまで失敗して、人にも迷惑をかけ、自分もまた損害を招かなければならないようになるものだ。これが私の、事に対して井上主義をとる所以《ゆえん》である。

人は他人に害を与える意志がない

事に対しては井上主義の悲観で差し支えないし、むしろ井上主義でなければならないほどであるが、人に対してまでも井上主義を取るのはよろしくないのである。

私は人に対すればいつも大隈主義で、他人《ひと》は決して自分に害を与える意志のないものと見るのである。すでにこれまでお話しした中でも申し述べたように、どのような人でも、決して相手に害を与えようという心掛けで、わざわざ出かけてくるものではない。何かの頼み事で来る人でも、別に私に害を加えるつもりで来るのではなく、自分の力だけでできないことが、私のもとに来れば、どうにか解決できるかもしれないと思うから来るのである。

また、金銭上の協力を頼みに来られる人もいる。今朝（大正四年一〇月一七日）も、そのような人が三、四人自宅へ訪ねて来たのだが、この種の人々としても、私に害を与えようという意志は毛頭ないのである。ただ、いかに自分が金銭に窮《きゅう》しているからといって、別に労役もせずに、他人に金銭上の協力を依頼しようというのは、全く筋違いであるだけで、別に私に損害をかける意志でも何でもなく、自分が窮乏した苦しさのあまり、私を慈善家でもあるかのように思われて、このような合力《ごうりき》〈助勢、協力〉を頼みに来るのだろうと思うのである。

私は、自分の家族を維持するのに十分な資産だけはあるが、しかし限りなき慈善を致しうるまでの資産家ではない。しかし、少額の協力に応じたからといって、一家の維持が立ち行かなくなるというわけでもないから、少額の協力を頼みに来たのならば、贈ることにしている。このように、これらの人々が私に損害をかけようとして、我が家の玄関を訪れたものとは思わないのである。

第一〇話　富貴《ふうき》は正しい道によって獲得せよ

宋の儒学者の誤り

子曰《しいわ》く、富《とみ》と貴《たっと》きとは、是《こ》れ人《ひと》の欲《ほっ》する所《ところ》なれども、其《そ》の道《みち》をもってせざれば、是《こ》れを得《う》るも処《お》らざるなり。

孔子は言った。「富〈財産〉や高貴な身分を、人は欲しがるものであるが、正しい道〈正当な方法、正道《せいどう》、斯道《しどう》〉によらなければ、これを得たとしても、それを守る価値はない」と。〈『論語』里仁篇《りじんへん》〉

ここに掲げた章句は、富貴《ふうき》は万人《ばんにん》が欲しがるものであるが、君子は決して不正当な手段によって富貴を得たりはしないものだと、孔子が教えたものであろうと思う。すなわち、富貴は決して悪いものではないが、これを得る手段についてだけは、慎重の上にも慎重を重ねた態度で臨まなければならないというのが、この章句に込めた孔子の教訓の趣旨であろうと思う。

しかし、これまでの儒者の中には、この章句の意味を素直に解釈せずに、例えば「人」を「悪人」の意味と理解して、

「富貴は悪人こそ欲し、求めたがるもので、これを得るためには正道《せいどう》〈正しい道。正当な道理〉から外《はず》れた方法を使わなければならないため、君子はたとえ富貴が舞い込んできたとしても、すぐにそれを放棄してしまうものである」

との趣旨に解釈し、富貴を君子が近づいてはならぬものと説いたものも少なくない。このような曲《きょく》解《かい》は、特に宋の儒学者に多かったように思われる。

文王《ぶんおう》の政治にも金は必要だった

しかし、宋の儒学者たちが曲解したように、君子は富貴、特に富に近づくべきものでないとするのは、とんでもない間違った考えである。ただ、道から外れ、あえて非理《ひり》や非道《ひどう》をして手に入れた富が悪いというだけのことなのだ。

これは、これまでお話しした中でも一度引用した論語の章句だが、『論語』雍也篇《ようやへん》で孔子は、

「博《ひろ》く民《たみ》に施して民衆を救うのは、仁以上の仁であり、聖ともいうべきものである」

と言っている。その昔、文王《ぶんおう》の行った政治というものは、どんなものであったのか、今となっては知ることもできないが、広く施して民衆を救うものであったのだろうと思う。広く施して民衆を救おうとすれば、なによりも先立つものはやはり金銭である。いかに民に施し、民衆を救おうとしても、富がなければ到底その希望を達成することはできない。文王の政治を行うにあたっても、必要なものは富なのである。

そうであるのに、この章句を宋の儒学者たちが曲解したように、

「いやしくも君子たるものは、何が何でも富貴に近づいてはならない。いったん富が手に入っても、必ずすぐに捨ててしまわなければならないものだ」

という意味に解釈すれば、いかに努力したところで、文王の政治のように、広く施し民衆を救うわけにはいかないことになる。

それゆえ、人たるものは、富を汚《けが》らわしいもの、きたないものであると見るようなことをせず、正しい道によってこれを獲得するように心がけるべきである。富貴を得さえすれば、人は道徳から離れてはならぬものだ、などと考えて富を蔑視するようなことは、大変よくない心がけである。人は富貴を得ても、その心掛けさえ正しければ、清貧《せいひん》にいるのと同じように、立派に道徳の上に立って処世に対応していけるものである。また、正道によって獲得した富は、簡単にその人の手の内から

逃げて行かず、長く留まっているものである。

三井家の今日までの由来

三井家は藤原氏の後裔《こうえい》で、御堂関白《みどうかんぱく》藤原道長〔九六六〜一〇二七〕から出たものだというが、徳川二代将軍秀忠《ひでただ》公〔一五七九〜一六三二〕の治世中の元和《げんな》年間〔一六一五〜一六二四〕に、伊勢の安濃郡《あのうごおり》一色村《いっしきむら》から松坂に移ったものである。それから三井宗寿《そうじゅ》という人が現れて、呉服屋を始めたのである。その頃の三井は、すでに相当の資産を持っていたらしいが、当時の富豪《かねもち》は、主に大名に金を貸して利息を得る商売で、これにより利益を得ていたのである。

しかし宗寿は、富豪が金貸しばかりをしているのは良くないことだと考えて、実業方面に目をつけ、初めて呉服屋を開業したのである。その商売のやり方が、いかにも公衆の便利を図ることを主眼とするものであったので、大いに繁盛した。

「積善《せきぜん》の家には余慶《よけい》あり〔善い行いを積み重ねた家には福がやってくる〕」とは、古くから人々に膾炙《かいしゃ》〔広く世間に知られること〕した言葉であるが、三井にしても、また大阪の鴻池《こうのいけ》とか酒田〔現在の山形県〕の本間家などにしても、いずれも旧家として今日でもなお存続している理由は、第一にその祖先が徳を積み、正道によって富を得たからである。私は二〇年ほど前に、三井家からいろいろ家政について相談を受けたことがあるから、多少は三井家の現在に至る歴史を知っているつもりである。

万国日曜学校大会

私が昨年（一九〇九年、明治四二）アメリカに行ったとき、日本で万国日曜学校大会〔キリスト教教会や仏教寺院が、日曜日に児童を集めて教育を行う日曜学校の世界大会〕を開催する件に関して、アメリカでこの件の肝煎《きもいり》〔世話役。取り持ち〕をしているピッツバーグの缶詰王ハインツと、フィラデルフィアのデパート王ワナメーカーの両氏に面会した。

その顛末は帰国後の談話で詳しく述べたが、欧州戦争〔第一次世界大戦〕でも終結したら、日本で万国日曜学校大会を開催しようという議論は、一昨年にスイスで開かれた同大会で決められたことだそうで、キリスト教側は熱心にその実現を希望し、大隈首相などもこれに同意して、開かせることにしようという意見を持たれている。

しかし、いよいよ日本において開催するとなれば、アメリカからだけでも一千人の来訪者があり、それに欧州からの二千人を加えると、三千人ほどの来会者となる予定である。これだけ多数の外国人が一時に押しかけて来たのでは、せっかく日本で万国大会を開いても、第一にそれだけの外国人を全て収容できるだけのホテルの設備がない。パンや牛乳などというものも、三千人の来会者を十分に満足させられるだけの供給が可能かどうかさえ疑問である。

特に、万国日曜学校大会の来会者には、男性よりも婦人の方が多いということである。婦人はどこの国でも同じで、なかなか扱い方が難しいものである。それらの人々が大会が終わった後、それぞれの本国に帰ってから、日本に行ってみたがろくに眠ることもできず、パンも食べられず、牛乳も飲めなかったなどと、土産のついでに言い伝えるかもしれない。そうなれば、せっかく骨を折って万国大会を日本で開いても、日本を紹介する機会になるどころか、かえってこれまで培《つちか》ってきた日本の評判まで悪くすることになる。

それでは困るから、日本で万国大会を開くことは引き受けるが、来会者の数は制限してなるべく少数とし、また来会者はこれを買い切りの汽船に搭乗《とうじょう》させて、日本に着いた後もホテルには宿泊させず、その汽船を宿泊所として、そこから東京の大会に出席するように取り計らってもらいたい、というのが、私からハインツとワナメーカーの両氏に依頼したことである。これに対して、両氏ともに承諾すると答えて来たが、その時同時に、私どもの間にはいろいろと道徳上についての話もしたのである。

孔子教とキリスト教の違い

ハインツとワナメーカーの両氏から、なぜ私がキリスト教信者でもないのに、万国日曜学校大会を斡旋《あっせん》するのかと質問を受けた。それに対して私は孔子教の立場から、国民道徳の向上の一助《いちじょ》になると思い、日曜学校大会を日本に開くことを斡旋《あっせん》したのだと答えた。

ワナメーカー氏は、私との談話の最初のうち、キリスト教を信じない東洋人には到底道徳のことなど分からず、信念などないと考えていたらしく、私たちをやや侮辱したような意味の言葉すら洩らしたほどであった。しかし、私が物質文明の必要性を説き、道徳の向上を図ることが目下の急務であると論じ、私の奉じている孔子教もキリスト教と同じように、一身や一家の利益だけを求めるのではなく、他人の利益や幸福も図らなければならないと教えるものであると述べると、ようやく私の考えを理解し、両氏ともその考えと私の考えが同じであることを知って、たいへん喜ばれたのであった。

要するに、古今東西のいずれの時代、いずれの国であっても、人は自分の利益と幸福のためだけではなく、他人の利益と幸福のためにも働かなければ、人は決して栄えるものではない。この点において、私もハインツ氏も皆、同意見である。青年子弟諸君は、よくこのことを心得て、私利私欲にのみ走ることなく、他の人のため、国家のためにも、力を尽くすようにしていただきたいものである。

ワナメーカー氏は、談話の際に私に、改宗してキリスト教徒になってはどうかと勧めたが、私はこれに対して何の返答もせずに帰った。最近になって、このときの改宗の勧めに対する返事の手紙をワナメーカー氏に送ったのである。その趣旨は、

「私も今ではすでに相当な老人であるから、強《し》いてキリスト教に改宗するまでもないでしょう。あなた〈貴下〉が信奉するキリスト教の宗旨は、『己《おのれ》の欲する所を他人に施すべし〈自分がして欲しいことを他人にもしてやりなさい〉』と教えているから、あなたが良いと信じるキリスト教を私に勧めるのも、もっともなことだと思います。しかし、私が信じる孔子教では、『己《おのれ》の欲せざる所を人に施すなかれ〈自分がして欲しくないことを人にしてはならない〉』〈『論語』顔淵篇《がんえんへん》〉と教えています。ここに、あなたと私の立場の違いがあります」

というような意味のもので、私から送ったこの手紙を受け取ったワナメーカー氏は、はたして、どんな風に思っているのか知りたいものである。

第一一話　算盤《そろばん》の基礎を論語の上に置け

道徳と算盤は矛盾しない

今日でこそ、仁義道徳と金儲けの商売とが、その根本において相反するように思われているが、決してそうではない。また実際においても、堯《ぎょう》・舜《しゅん》・禹《う》・湯《とう》・文《ぶん》・武《ぶ》〈古代中国の理想的帝王〉の頃までは、算盤と道徳とは決して矛盾するものでなかったのである。これは、当時まだ行う人と教える人とが分業になっておらず、同じ人が教えかつ行い、行う人は教える人、教える人はこれを行う人であり、堯・舜・禹・湯・文・武などの〈理想的帝王〉は、自ら教えて自らその教旨を実践躬行《じっせんきゅうこう》〈自分で実際に実践すること〉し、行えないことを教えたり、教えたことに反して行ったりしなかったからである。

しかし、年代が経過して事情が変遷するとともに、教える人と行う人の間に分業の確立がみられ、実行する人が必ずしも仁義道徳の教師《せんせい》ではなく、仁義道徳の教師《せんせい》が必ずしも実行の人ではなくなった。その間になんの連絡〔関連〕もつけずに、実行の人は仁義道徳を念頭に置かず、仁義道徳の教《せん》師《せい》は実生活を考慮せず、お互いに自分勝手に気ままなことばかりを教えたり行ったりするようになったので、ついには今日《こんにち》のように仁義道徳と金儲けの算盤との間に溝壑《こうかく》〔みぞや谷間〕が生じ、互いに相反するものであるかのように世間からも見られるようになったのである。この傾向は、孔子が政治の実際に当たることができず、ただ教えるのみの人として終わってしまったのがそもそもの発端で、孔子の時代頃から、仁義道徳を説く人と、実際の世間に当たって経営する人とは、別々のものになってきたように思われる。

この傾向は、宋の時代に入るとよりはなはだしくなり、周敦頤《しゅうとんい》〔一〇一七～一〇七三〕、張横渠《ちょうおうきょ》〔張《ちょう》載《さい》。一〇二〇～一〇七七〕、二程子《にていし》〔北宋の程顥《ていこう》・程頤《ていい》の兄弟。それぞれ、一〇三二～一〇八五、一〇三三～一一〇七〕の諸家や、その他の儒者が現れ、日常実際の処世法よりも、むしろ性《せい》〔先天的な人の性質など〕を説き、理を論じることに重きを置き、道徳論はいたずらに思索をもてあそぶ倫理哲学のようなものになってしまい、人間の日常の処世に何の関連もないものになってしまったのである。

この弊害は朱子《しゅし》〔朱熹《しゅき》。宋の大儒。一一三〇～一二〇〇〕の代になってさらにその極致に達し、実際の活用よりも理論に走ることをもっぱらとしたのであるが、朱子自身はその教えを実践躬行《じっせんきゅうこう》し、自らを厳しく律し、教育を振興して人間の実生活の向上を図ろうとする意志があったかのように見受けられる。

鎌倉時代から徳川時代へ

鎌倉時代には、中国に留学した者もだいぶ多かったのだが、当時の留学生は主に僧侶であった。北条《ほうじょう》時頼《ときより》〔一二二七～一二六三〕はもっぱら禅宗に帰依し、禅林の興隆に志が篤《あつ》かったから、中国から帰国した留学生の伝えたものを採用し、当時はことごとく禅に関係ある学風ばかりであった。その結果、禅宗はいよいよ全国を風靡《ふうび》して勢いは止まらず、南北朝時代に入って北朝の暦応《れきおう》四年〔一三四一〕に足利尊氏《あしかがたかうじ》〔一三〇五～一三五八〕の代になると、京都と鎌倉に禅林五山《ござん》の制度〔禅寺の格付け制度。京都と鎌倉で、それぞれ第一位から第五位まで定められた〕が布《し》かれるまでになったのである。

我が国の鎌倉時代は、中国における南宋の末期から元の初期に当たるので、宋が滅びたために、難を逃れるために遺民《いみん》〔君主や朝廷、国が滅んだのちに残った民〕として日本へ来た禅僧も多かったのである。このころは中国において禅宗が盛んであったが、一方でまた宋の末期から元の初期にかけては、実に朱子学が盛んに広まった時代でもあり、輔漢卿《ほかんけい》〔輔広〕、真西山《しんさいさん》〔真徳秀《しんとくしゅう》。一一七八～一二三五〕などの朱子派の学者が宋の末期に現れ、また元の代には劉静修《りゅうせいしゅう》〔劉因《りゅういん》。一二四九～一二九三〕のような朱子学者も現れている。

日蓮が『立正安国論』を著して、元《げん》のクビライの軍隊が日本に来襲することを予言痛論したのは、日蓮が『法華経』の功徳によって啓示されたものとされているが、おそらく当時中国に留学して帰国した僧侶の談話や、あるいは持ち帰られた書籍などによって形勢を察知し、宇内《うだい》〔天下。天地の間〕を席巻《せっけん》する壮志《そうし》〔大きな志。野望〕のあるクビライは、必ずや近いうちに日本にも押し寄せてくるに違いないと判断した結果であろう。

このように、中国の事情が手に取るように日本に知れ渡るほどになっていた時代に、その頃の中国全土でたいへんな勢力になっていた朱子学が日本に伝えられず、徳川時代に入ってから初めて行なわれるようになったというのは、いかにも怪しむべきである。あるいは、鎌倉時代において、禅宗と共に朱子学もすでに日本へ伝えられていたが、当時は禅風が天下を吹きまくり、禅林の興隆に盛んに尽力した北条時頼のような執権もあったものだから、あたかも欧州の暗黒時代に、学問がアラビアの奥へ逃げて行って隠れ潜《ひそ》んでいたように、朱子学も日本のどこかに、徳川時代が来るまで隠れ潜《ひそ》んでいたのかもしれない。

そうでなければ、徳川時代になってから、急にひょっこりと藤原惺窩《ふじわらせいか》〔一五六一～一六一九〕によって、朱子学が初めて顔を出してきそうなはずがないのである。しかし、惺窩以前において誰が初めて朱子学を日本に伝えたか、その伝えられた朱子学が藤原惺窩によって祖述《そじゅつ》〔師や先人の説を受け継いで学問を推し進めること〉されるまで、日本のどこに潜《ひそ》み隠れていたものか、その伝統を明らかにすることは、今日となってはもはや容易な業《わざ》ではない。

徳川家康と朱子学

徳川家康〈一五四三〜一六一六〉が、豊臣家の没落後に天下を統一し、封建制度を布《し》くにあたって、治国平天下《ちこくへいてんか》の道を何に求めかというと、それは経学《けいがく》〈四書・五経などの経書《けいしょ》を研究する学問〉であった。すなわち、仏教と儒学によって、人民にその適帰《てきき》〈身を寄せること〉する所を知らしめ、民心の平静を保とうとしたのである。

仏教の方で家康が重用したのは、奥州の会津に生まれ、かつて武田信玄《たけだしんげん》〈一五二一〜一五七三〉に招かれて三千の僧と議論を戦わし、一座の人々をその雄弁によって圧倒した、上野東叡山寛永寺《とうえいざんかんえいじ》の開祖・天海僧正《てんかいそうじょう》〈一五三六〜一六四三〉である。天海は家康の意を理解してそれに従い、人心《じんしん》〈人間の心。人々の心〉を指導することに随分と骨を折ったものである。私が読んだ「天海僧正自記」の記録の中には、一年に九〇回余り説法の席を設け、説教したことさえあると記されている。

儒学の方で家康が重用したのが、藤原惺窩《せいか》である。惺窩は播州《ばんしゅう》〈播磨国《はりまのくに》〉に生まれた人であるが、幼い頃より神童と目され、一時は剃髪《ていはつ》して僧侶になったこともある。しかし、その志は当時からすでに儒学にあったのである。惺窩が太閤秀吉〈豊臣秀吉《とよとみひでよし》。一五三七〜一五九八〉の朝鮮征伐に際して、小早川秀秋《こばやかわひであき》〈一五八二〜一六〇二〉の客となって肥前にいた時が家康との初対面である。

その後、惺窩は明《みん》に渡航して儒学を修めようとの志を起こして薩摩で船を待っていた時、偶然にもこの地方で広く読まれていた『大学章句』〈『大学』の朱熹《しゅき》による注釈書〉を読んだ。はなはだ意に適《かな》うところがあったので、明に渡航するのをやめ、薩摩の島津日新斎《しまづにっしんさい》〈島津忠良《ただよし》。一四九二〜一五六八〉が明から取り寄せていた朱子学をもらい受けて研究し、ついに朱子学の大家になったのである。これによってみれば、薩摩は中国との交通に便利であったので、惺窩以前にすでに朱子学が行われていた土地であったものと思われる。

一方、京都にあっては林羅山《はやしらざん》〈一五八三〜一六五七〉が惺窩と同時代に現れ、後に薙髪《ちはつ》〈頭髪を剃《そ》ること。剃髪《ていはつ》〉して道春《どうしゅん》と称したのであるが、建仁寺に出入りして諸書を渉猟《しょうりょう》するうちに、程子《ていし》や朱子の書を披見《ひけん》〈文書を開くこと〉し、六経《りくけい》〈儒学の根幹となる『詩』『書』『易』『春秋』『礼』『楽』の六種の経《けい》書《しょ》。また、儒学における経書の総称〉の本旨を伝えるものは程子と朱子以外にはないというので、これまた羅山も朱子派の学説を祖述《そじゅつ》したのである。

これらによってみれば、朱子学は単に中国との交通が便利であった薩摩方面のみならず、京都にも藤原惺窩以前に、すでに伝えられていたものと考えなければならないのである。林羅山は後に、惺窩が京都に上《のぼ》って洛北《らくほく》に隠れ、もっぱら朱子学を祖述するのを聞き、それを慕って弟子となった。惺窩もまた、羅山が頭脳明晰であることを愛し、受け入れて高弟《こうてい》としたのである。

家康は、関ケ原の戦いもおさまり、いよいよ天下を統一するようになるや、民心を統一するには正心《せいしん》誠意を標榜し、仁・義・礼・智・信を説く朱子学が最も効果的であるものと考えたので、惺窩を重用したのである。

徳川時代の儒学

しかし、惺窩は僧侶との確執から、ついに、家康の招きにもかかわらず講義をしなくなったので、〔家康は〕惺窩の高足《こうそく》〔高弟〕にして同じく朱子学を祖述する林羅山を、〔惺窩の〕代わりに顧問にしたのである。これは、羅山がわずか一八歳の弱冠《じゃくかん》にして、師匠の惺窩に従って家康に謁見した際、驚くべき博覧強記《はくらんきょうき》の事実〔才能〕を示したのを家康が覚えていたためである。以後、羅山の子孫は代々朱子学の家元となり、大学頭《だいがくのかみ》〔昌平坂学問所の長官〕を世襲するようになり、朱子学は徳川時代の人心を支配する上で非常な勢力となったのである。木下順庵《きのしたじゅんあん》〔一六二一～一六九九〕や新井白石《あらいはくせき》〔一六五七～一七二五〕といった、元禄時代に現れた有名な学者も、皆朱子派の人々である。

六代将軍の徳川家宣《いえのぶ》〔一六六二～一七一二〕が、将軍御拝受の礼〔将軍の位を受け継ぐための儀礼〕を行うために、先例に従い千代田城の御座所を改築しようとすると、当時の勘定奉行だった荻原近江《おぎわらおうみの》守重秀《かみしげひで》〔一六五八〜一七一三〕が、府庫《ふこ》の空乏《くうぼう》〔蓄えが乏しいこと〕を理由として、悪貨幣を鋳造《ちゅうぞう》してこれを善貨幣と交換し、その利鞘《りざや》によって改築費を生み出そうとしたことがある。新井白石は断固としてこれに反対し、将軍御拝受の大礼は、前殿《ぜんでん》あるいは白書院《しろしょいん》において行うべきと主張し、その後もまた荻原近江守の貨幣改鋳案に反対し、ついに荻原を免職にしてしまった。このようなところなどは、新井白石が経世家《けいせいか》として非凡な識見を持っていたことを示すものであるが、これは皆その根底を朱子学の道徳説に置くものである。

徳川時代においても、朱子派以外の儒者がいなかったわけではない。伊藤仁斎《いとうじんさい》〔一六二七〜一七〇五〕も同じく元禄時代の儒者であったが、朱子を祖述せず、宋の儒学は全て孔子・孟子の意に背く《そむ》ものであるとして、盛んに古学派〔孔子・孟子の原義に立ち返ろうとする学派〕を唱導した。しかし、物《ぶっ》茂卿《もけい》と称した荻生徂徠《おぎゅうそらい》〔一六六六〜一七二八〕などは、極力これに反対したものである。徂徠は仁義道徳の学は、自ら国家の政道に参与する士大夫《したいふ》〔武士や公家・僧侶などの知識階級〕にのみ必要なものであると主張し、農工商のような天下の政道に携わることのない人にとって、仁義道徳の学はあえて修める必要のないものであると考えた人である。

今日《こんにち》になって、少し智慮《ちりょ》のある者が考えてみれば、士大夫のみが仁義道徳の学を必要とし、農工商には仁義道徳がなくてもよいものだなどとは、かりにも常識ある者の考えとは言えないだろう。しかし、徳川時代にはこのような思想が一般的であり、それが維新後の明治初年ごろまで伝えられ、大正の今日といえども、なお算盤《そろばん》と仁義道徳とは矛盾するものであるかのように思っている人が少なくない。しかし、私には論語算盤説というものがある。

算盤の基礎を論語に

伊藤仁斎は、当時徳川の天下を風靡《ふうび》した朱子学に反対の気勢を上げ、自ら孔子・孟子の意を体現する者であると称して、いわゆる古学派《こがくは》〔孔子・孟子の直接の教えに立ち返ろうとする立場〕を唱えたが、仁斎はついに幕府に用いられなかったのである。しかしこれは、ちょうど政権を獲得できない政友会が昨今九州あたりで、盛んに大隈内閣を非難し、攻撃して回るようなもので、仁斎が幕府に用いられなかったということが、朱子学を攻撃した理由の根本らしい。もし仁斎が幕府に用いられてさえいれば、あれほどまでに朱子学を攻撃しなかったものであるかもしれない。

とにかく、仁斎の攻撃などには少しも影響されず、朱子学の勢力は徳川一五代の天下を風靡《ふうび》した。仁義道徳は士大夫《したいふ》が政道を施《し》くために必要なもので、算盤を握って商売をする町人や、鍬《くわ》を取って田畑を耕す百姓には、仁義道徳など全く不要なものであるかのように見られ、これが徳川時代から明治初年にかけての大勢であったのである。

しかし私は、商人にもやはり信念がなければだめなものであると考えたので、算盤の基礎を『論語』の上に置くことにしたのであるが、このことは、私が明治六年〔一八七三〕に官から民間に下《くだ》り、実業に従事しようと意を決した際に、当時私が居住していた神田小川町の家を訪問されて、退任の意を翻すようにと忠告された大審院長の故玉乃世履《たまのせいり》氏に断言したところである。以来四〇年以上、私は少しもこの信念に動揺を受けず、あたかもムハンマド〔五七〇頃～六三二〕が片手に剣、片手に経文〔クルアーン〕を振るって世界に臨んだように、片手に『論語』、片手に算盤を振るって今日に至ったのである。

このような次第であるから、難しく言えば、私には「経済道徳説」とでも称するようなものがあるのである。この「経済道徳説」を「論語算盤説」とも、私は称している。

古稀祝いの書画帖

私が東京瓦斯《ガス》会社に推薦した人で、現在は橋本圭三郎《はしもとけいざぶろう》氏〔一八六五～一九五九〕が社長を務める宝田《ほうでん》石油会社で専務取締役を務めている福島甲子三《ふくしまかしぞう》氏〔一八五八～一九四〇〕は、越後の人であるが、なかなかの敏腕家であると同時に『論語』趣味の人である。実業の根底には仁義道徳がなければならないことを深く信じている。

そのような関係から、私が明治四一年〔一九〇八〕に古稀《こき》七十の賀《が》の祝いをした際、福島氏は私に二巻の書画帖を祝ってお贈りくださった。その書画帖は、当代に名のある方々が色紙にお書きくださった書画を集めたもので、筆者の中にはすでに故人になられた方さえ四、五人おられる。その中には、徳川慶喜公《とくがわよしのぶ》〔一八三七〜一九一三〕も入っておられるが、慶喜公はこの書画帖のために題字をお書きくださった。

また、この書画帖の中に、先日故人になられた有名な洋画家の小山正太郎《こやましょうたろう》氏〔一八五七〜一九一六〕が、銀泥《ぎんでい》の色紙に書いた絵が一枚入っている。その図取り《ずと》〔図案、図面、構図〕が実に面白いもので、朱鞘《しゅざや》の刀とシルクハットと算盤と『論語』の四つを、うまく配合して描いてあるのである。朱鞘の刀は私がかつて撃剣《げきけん》なども稽古したりなどして、武士道の心得があることを表し、シルクハットは私が紳士の体面《たいめん》を重んじて世に立つ心があるのを表したものだと思われる。『論語』と算盤とは、私が商売上の基礎を『論語』の上に置くことを信念としていることを表してくださったものである。この画には、なお、

「論語を礎《もと》として商事を営み、算盤を執《と》って士道《しどう》を説く、非常の事《こと》、非常の功《こう》」

という句が書き加えられている。

三島中洲《みしまちゅうしゅう》の論語算盤説

私は、この小山氏のお書きくださった図を拝見し、非常に面白く感じたので、その後、当時の東《とう》宮侍講《ぐうじこう》であった三島中洲先生〈一八三一〜一九一九〉が自宅をお訪ねくださったとき、これをご覧に入れた。

すると、三島先生もかつて「義利合一説」というものをご起草になったことがあるというので、小山氏の絵を見られてから、特に私のために「論語算盤説」の一文〈「題論語算盤図賀渋沢男古稀＝論語と算盤の図に題し、渋沢男爵の古稀を賀す」〉をご起草になり、わざわざ私の自宅までお持ちになって、お贈りくださったのである。

私は、三島先生のこのご厚意を、非常にありがたいことに感じて、ご寄贈の一文はこれを鄭重な巻物に装潢《そうこう》〈書画の表具、表装のこと〉して、宝庫の中《うち》に永く保存しておくつもりであるが、全文は左記の通りである。もっとも原文には訓点がない。三島先生のご一文は、私が平素から胸中に抱く「経済道徳説」を、経史《けいし》〈漢籍の経書《けいしょ》と史書〉によってはっきりと根拠のあるものにしてくださったもので、私の「論語算盤説」は、これによって一層確固としたものになったような気がする。

題論語算盤図賀渋沢男古稀

青淵渋沢男今茲齢届古稀。一画師作男左論語右算盤図賀之。余観之曰有此哉。請題一言以為寿。男少受論語於尾高翁。稍長与志士交。唱尊王攘夷。既而従水府公子遊西洋。脩経済学。因悟攘夷之非。帰則王政維新。擢為大蔵大丞。掌財務。一旦慨我邦商業不振。辞官而創銀行。拠論語把算盤。四方商社陸続競興。皆以男為摸範姦商黠賈蹙然屏迹。商業大振。遂応米国招。率紳商而往。巡察諸商社。大得款待而還。是皆算盤拠論語之効

論語《ろんご》と算盤《そろばん》の図《ず》と題《だい》し、渋沢男《しぶさわだん》〔爵《しゃく》〕の古稀《こき》を賀《が》す

青淵渋沢男《せいえんしぶさわだん》　今茲《いまここ》に齢《よわい》古稀《こき》に届《とど》く。一画師《いちがし》、男《だん》が論語《ろんご》を左《ひだり》に算盤《そろばん》を右《みぎ》にする図《ず》を作《つく》りて之《これ》を賀《が》す。余《よ》之《これ》を観《み》て曰《いわ》く、此《こ》れ有《あ》るかな。請《こ》う一言《いちごん》を題《だい》して以《もっ》て寿《じゅ》と為《な》さん。男《だん》少《おさな》くして論語《ろんご》を尾高翁《おだかおう》に受《う》け、稍長《ややちょう》じて志士《しし》と交《まじわ》り、尊王攘夷《そんのうじょうい》を唱《うた》う。既《すで》に水府公子《すいふこうし》に従《したが》い西洋《せいよう》に遊《あそ》び、経済学《けいざいがく》を脩《おさ》め、因《よ》りて攘夷《じょうい》の非《ひ》を悟《さと》る。帰《かえ》れば則《すなわ》ち王政維新《おうせいいしん》なり。擢《ぬき》んで大蔵大丞《おおくらたいじょう》と為《な》り、財務《ざいむ》を掌《つかさど》る。一旦《いったん》我邦《わがくに》の商業《しょうぎょう》の振《ふる》わざるを慨《がい》し、官《かん》を辞《じ》して銀行《ぎんこう》を創《はじ》め、論語《ろんご》に拠《よ》りて算盤《そろばん》を把《と》る。四方《よも》の商社《しょうしゃ》陸続《りくぞく》として競《きそ》い興《おこ》り、皆《みな》男《だん》を以《もっ》て摸範《もはん》と為《な》し、姦商黠賈《かんしょうかっこ》蹙然《しゅくぜん》として屏迹《へいしゃく》し、商業《しょうぎょう》大《おお》いに振《ふる》う。遂《つい》に米国《べいこく》の招《まね》きに応《おう》じ、紳商《しんしょう》を率《ひき》いて往《ゆ》き、諸商社《しょしょうしゃ》を巡察《じゅんさつ》して、大《おお》いに款待《かんたい》を得《え》て還《かえ》る。是《こ》れ皆算盤《みなそろばん》の論語《ろんご》に拠《よ》る効《こう》なり。画師《がし》能《よ》く男《だん》を知《し》るものならん。然《しか》

也。画師能知男者矣。然此知一。未知其二何者。孔子為委吏。料量平。与粟周急不継富。為政足食。既庶富之。礼与其奢也寧倹。待賈沽玉。是論語中有算盤也。易起数六十四卦莫不曰利。是算盤之書。而其利皆出於義之和。与論語見利思義之説合。是算盤中有論語也。算盤与論語一而不二。男嘗語余曰。世人分論語算盤為二。是経済之所以不振。今画師二之。非深知男者也。且夫人之殀寿有定数是天之算盤也。然不慎疾衛生。則不能尽定数。故子所慎斎戦疾。男既奉論語。必能慎疾衛生。尽天数之

れども此《こ》れ一《いち》を知《し》りて、いまだ其《そ》の二《に》の何者《なにもの》なるかを知《し》らず。孔子《こうし》委吏《いり》と為《な》るや料量《りょうりょう》平《たいら》かにして、粟《ぞく》を与《あた》うるや急《きゅう》に周《あまね》く富《ふ》に継《つ》がず。政《まつりごと》を為《な》すに食《しょく》を足《た》らしめ、既《すで》に庶《おお》ければ之《これ》を富《と》ます。礼《れい》は其《そ》の奢《おご》らんよりは寧《むし》ろ倹《けん》なり。賈《こ》を待《ま》ちて玉《ぎょく》を沽《う》る。是《こ》れ論語《ろんご》の中《なか》に算盤《そろばん》有《あ》るなり。易《えき》の起《き》数《すう》は六十四卦《ろくじゅうしけ》、利《り》を曰《いわ》ざるはなし。是《こ》れ算盤《そろばん》の書《しょ》にして、其《そ》の利《り》は皆《みな》義《ぎ》の和《わ》より出《い》でる。論語《ろんご》と利《り》を見《み》る思義《しぎ》の説《せつ》と合《がっ》す。是《こ》れ算盤中《そろばんちゅう》に論語《ろんご》有《あ》るなり。算盤《そろばん》と論語《ろんご》と一《いち》にして二《に》ならず。男《だん》　嘗《かつ》て余《よ》に語《かた》りて曰《いわ》く。世人《せじん》論語《ろんご》と算盤《そろばん》を分《わか》ちて二《に》と為《な》す。是《こ》れ経済《けいざい》の振《ふる》わざる所以《ゆえん》なり、と。今《いま》画《が》師《し》之《これ》を二《に》とするは、深《ふか》く男《だん》を知《し》る者《もの》にあらざるなり。且《か》つ夫《そ》れ人《ひと》の殀寿《ようじゅ》に定数《ていすう》有《あ》り。是《こ》れ天《てん》の算盤《そろばん》なり。然《しか》れども疾《しつ》を慎《つつ》しみ生《せい》を衛《まも》らざれば、則《すなわ》ち定数《ていすう》を尽《つ》くすこと能《あた》わず。故《ゆえ》に子《し》の斎《さい》を慎《つつ》しみ疾《しつ》と戦《たたか》う所《ところ》なり。男《だん》　既《すで》にして論語《ろんご》を奉《ほう》じ、必《かなら》ず能《よ》く疾《しっ》を慎《つつ》しみ生《せい》を衛《まも》りて、天数《てんすう》の

寿。不止古稀。是為寿言
明治四十二年嘉平月
陪鶴老僊三島毅拝草時齢八十

寿《じゅ》を尽《つ》くさば、古稀《こき》に止《とど》まらず。是《こ》れを寿言《じゅごん》と為《な》す。
明治《めいじ》四十二年嘉平月《ねんかへいづき》
陪鶴老僊《ばいかくろうせん》三島《みしま》毅《つよし》拝草《はいそう》時《のとき》齢《よはい》八十《はちじゅう》

西原亀三の著書への序文

朝鮮で事業を営んでいる人に、西原亀三氏〈一八七三～一九五四〉という人がいる。先般故人になった朝鮮銀行総裁の市原盛宏《いちはらもりひろ》氏〈一八五八～一九一五〉の門下で、寺内総督〈寺内正毅《てらうちまさたけ》。一八五二～一九一九〉などとも懇意の間柄であるらしいが、この人が四月に『商人の本旨』という小冊子を著し、商人は精神の根底を道徳の上に置かねばならないことを説いている。

私にも一冊贈られ、その書を読んで起こした感想を、序や跋などに書いてくれとのお頼みであったから、少しばかり長文のようではあるが、平素から抱いている意見を敷衍《ふえん》して、四月一七日に左のような文章を起草し、それに三島先生の一文を添えて送っておいたのである。

正経《せいけい》〈正しい経営〉の業務に就き、適当の手段によりて収《おさ》め得たる個人の利殖《りしょく》は、素《もと》より公益と択《えら》ぶ所なくして、是れやがて道徳経済の一致を意味するものなり。されば農夫の田圃《でんぽ》に耕すも、工人《こうじん》の百貨を作るも、要は其収《そのおさ》むる処の利益が適当の手段に依るにあり。独り農工商に於てのみ然《しか》るにあらず。凡《およ》そ政治・軍事・法律、教育等各種の職に在る者も、其従事する所によりて収得する貨財《かざい》は、皆以て同一というを得《う》べし。然《しか》るに商人にありては、動《やや》もすれば其の本旨《ほんし》を誤るものあるは、是れ其業務の常に邪路《じゃろ》に誘惑せらるる機会の多きが為めにして、甚《はなはだ》しきは貪《とん》慾《よく》に陥り、終《つい》に道徳経済相背馳《はいち》するに至る、慎《つつし》まざるべからざるなり。本篇の趣意、能《よ》く公益私利の分《わか》るる所を説きて、商人の本分を明晰《めいせき》にせられしは、頗《すこぶ》る適切の言《げん》といふべし。余嘗《かつ》て論語算盤といふ一説ありて、常に道徳経済の義を子弟に訓示せしに、偶々《たまたま》中洲三島先生の聴く所となりて、為に一篇の文章を寄せられたれば、茲《ここ》に附録して以てこれを送る。若《も》し夫《そ》れ本篇の考証となるを得ば幸甚《こうじん》。

大正五年丙辰《へいしん》四月　相州湯河原客舎に於て

青淵　渋沢栄一　識

悪銭《あくせん》も時には身につく

不正な方法によって得た利得《りとく》は、これを称して俗に悪銭《あくせん》などというのであるが、古来「悪銭身につかず」という俚諺《りげん》〔ことわざ〕があるほどで、不正な方法で手に入った金銭は、決して長くその人の手中にあるものではない。しかし、道徳に反する所行によって作った資産でも、急に無くなってしまわずに、長くその手中に留まっている例がないでもない。それでは「悪銭身につかず」との俚諺も、何だか的確ではないようにも思われるが、これにはまた原因がある。

いかに道徳に反するような所行をして悪銭を貯めた人でも、永久に悪を続けていくものではない。大抵《たいてい》のところで善心に立ち返り、これまでとは反対に、善業《ぜんごう》〔未来に安楽な果報を招く善い行為〕を積むように心がけ、従来犯してきた悪を月賦《げっぷ》か年賦《ねんぷ》でしだいに償却して償還するようになるものである。この逓減《ていげん》〔しだいに減らすこと〕償還で、これまで犯してきた悪がだんだん消えていくようになるものだから、最初は道徳に反して貯めた悪銭でも、それがその人の身について、急に無くなってしまわないような例も出てくることになるものである。

また、いかに道徳に反するような悪の行いをする人でも、志までが悪であると決まったものではない。行いが悪であり正しくなくっても、志の善で正しい人もいるものである。このような志が正しくて、行いの正しくない人が貯めた悪銭も、行いの悪いところが志の善いところによって多少帳消しにされ、子孫末代までの長持ちは難しいかもしれないが、とにかくその人の一代だけは身について離れぬような例もある。

それからまた、行いは正しくて善であるが、志が間違っていて正しからぬ人もいる。このような人の貯めた資産も悪銭であるには違いないが、やはり志の正しからざるところが、行いの正しいところによって多少帳消しにされ、その悪銭も急にその人の身を離れず、とにかくその人一代だけは身についている場合もある。おまけに、悪銭を貯めるほどの人には、概《おおむ》ね優《すぐ》れた知恵があるもので、たとえそれが行いも志も共に正しからぬ人であったとしても、その優れた知恵によって、志と行いの正しからざるところを多少帳消しにし、とにかく自分一代だけはその悪銭を持ち続けていけるものである。しかし、いずれの場合にも、悪銭は子孫末代まで持ち続けていけるものではなく、結局長持ちせず、その人の身から離れていってしまうものである。つまり、長い時間のうちには、悪銭身につかずということになるのである。

相場で儲けた金銭

また、古くから「盛《さか》って入るものは盛《さか》って出《い》ず」という諺《ことわざ》がある。一攫千金《いっかくせんきん》の相場で儲けた金銭などがすなわちそれで、手に入る時は、ずいぶん盛んな勢いでドシドシ入ってくるが、いざ損をするという時になると、これもまた盛んな勢いでドシドシ出ていき、元も子もないようになってしまうものである。これについて、私は一つの面白い実例を知っている。たしか明治四〇年〔一九〇七〕

か四一年〔一九〇八〕のころであったと思うが、そのころ相場で儲けて四〇万円ばかりの身代《しんだい》〔一身に属する財産のこと〕になった野村という人がいた。ひどく病気を患《わずら》って床に就いたのであるが、その時の看護婦が、私が世話している東京養育院出身の孤児であった関係から、看護の間にいろいろと養育院のことなどを話して聞かせたと見えて、野村が養育院に寄付金をしようとの気があると、私に伝えてくれた。

そういう篤志《とくし》が当人にあるならば、当人の功徳にもなることゆえ、一万円ばかり養育院に寄付してもらいたいものだと思い、ある日、野村を兜町の私の事務所に招き、一万円の寄付の件を話し込んでみたのである。ところが、野村が養育院へ寄付の意志があるかのように私の耳に伝えられたのは、何か話の行き違いから起こったことで、当人には全くそのような意志がなかったのである。しかし、私より諄々《じゅんじゅん》と説いた末、野村も結局その気になり、ついに二千円を寄付したのである。

そのうちまた、この野村と懇意にしていた人で、〔既に故人になってしまったが〕私とも懇意にしていたある人がいた。ある日、その人が私を訪ねて来て、

「野村が二千円を養育院に寄付したのは、実に非常な奮発で、あたかも清水《きよみず》の舞台から飛び降りたような心地《ここち》になって出金したのだから、この上なお、野村に寄付をさせようとしても、到底それはできない相談である。しかし、野村は昨今、賭博《とばく》がかった商売の相場師を辞めたいとの気になり、こ

れを渋沢の前で誓いたいと言っているので、ぜひ野村に会って、衷情《ちゅうじょう》〔嘘や偽りのない心〕を聞いてやってくれ」

とのことであったのである。

商売は商戦にあらず

私はこれを聞いて、それは誠に殊勝《しゅしょう》な結構な心がけであると思ったので、ただちに野村と面会することにし、野村は私の面前で「以後相場に手を出さない」ことを誓ったのだった。それは、ちょうど実業渡米団の一行に加わって、私が〔一九〇八年、明治四一年八月に〕渡米する前の明治四一年〔一九〇八〕九月頃であったように記憶する。野村は、このように私に宣言しておきながら、やはり相場は辞められなかったものと見えて、私がアメリカから帰ってきて野村の近況を聞いてみると、せっかく儲けた四〇万円の金銭を、私の留守中に全て使い果たしてしまったとのことであった。相場や何かによって一攫千金《いっかくせんきん》で儲けた「盛《さか》って入った金銭《かね》」は、全てこのように「盛《さか》って出る」ものである。このようにして野村が四〇万円を皆無くしてしまうくらいであったならば、せめて一万円だけでも養育院に寄付しておいてくれれば、その功徳が末代に残ったのであるが、盛んなときにはそういう気にはなれないものだから、実に遺憾の次第である。

私が相場で金を儲けることを嫌い、投機の仕事に反対するのは、投機の仕事は商売の精神に違背《いはい》するからである。商売の徳は、売る者も買う者も、どちらも共に利益を得て喜ぶところにある。例えば、甲が乙から一〇円で買ったものを、丙《へい》に一三円で売ったとすれば、甲は乙に一〇円で買ってもらったのを喜び、乙は丙に一三円で売って三円の利益を得たのを喜び、丙もまた一三円で買ったのを喜び、三方が喜んで、その中で苦痛を感じる者は一人もいないのである。しかし、投機になるとそうはいかないもので、必ず損をして悲しむ者が現れる。買って利益を受けた者があれば、これに売った者は必ず買い手に儲けられただけの額を損をすることになるのである。したがって、投機は商売ではないということになる。

よく世間では、商業は平和の戦争であると言ったり、あるいは「商戦」などの文字を用いたりするが、商売は決して戦争ではないのである。戦争には必ず勝敗があって、一方が勝って利益を得れば、一方が損害を受けると決まったものである。もし五分五分で引き分けになれば、両方とも損害を受けることになる。しかし商売では、投機を除けば、決して取り引きの上で損をしたという者は一人もなく、どちらを向いても利益を得て喜んでいる者ばかりになる。これが、商売が戦争と全くその根本において違うところである。ゆえに私は、商売のことを言ったり書いたりするときに、平和の戦争とか、商戦とかいう言葉を使いたくないものだと思っている。

第一二話　自信と智略

暴挙を慫慂《しょうよう》するわけではない

子曰《しいわ》く、朝《あした》に道《みち》を聞《き》かば、夕《ゆう》べに死《し》すとも可《か》なり。

孔子は言った。朝に道《みち》〔道理や真理の教え〕を聞くことができれば、その夕方に死んでも良い〔思い残すことはない〕。〔『論語』里仁篇《りじんへん》〕

この章句は、朝に道を聞きさえすれば、晩に死んでしまっても思い残すことはないと、孔子が教えたかのように考えられないでもなく、近頃の言葉でいう厭世《えんせい》趣味を帯びているかのようにも見えるが、孔子のこの教訓の趣意は、決して厭世的なものではなく、ただ道を重んずべきことを教えられたにすぎないものである。しかし、維新時代の志士とか、また尊王攘夷《そんのうじょうい》に奔走した人々は、自分の抱く意見を、孔子のいう「道」であると信じ、この意見を実行するためには、たとえ一命《いちめい》を捨てて死んでも、あえて意とするところにあらずとし、いずれも皆、孔子の説いたこの「朝《あした》に道《みち》を聞《き》けば、夕《ゆう》べに死《し》すとも可《か》なり」の章句を、金科玉条《きんかぎょくじょう》〔究極的なよりどころ〕として遵奉《じゅんぽう》し、この章句に動かされて活動したものであった。

私のごときも、二四歳で尾高惇忠《おだかあつただ》や渋沢喜作等と謀《はか》り、一挙して高崎城を乗っ取り、これによって兵備を整えて、高崎城より兵を繰り出し、鎌倉街道を通って横浜に出て、洋館に火を放って外国人を掃討《そうとう》し、もって攘夷の目的を達成して幕府を倒そうなどと考えたころには、常に孔子の説いたこの章句を胸に思い浮かべていたものである。井伊直弼《いいなおすけ》を桜田門外で刺した水戸浪士の面々なども、刺殺《しさつ》の暴挙によって刑戮《けいりく》〔刑罰に処されること。死刑〕に処され、一命を捨てなければならないようになることを、十分承知していながら、尊王攘夷《そんのうじょうい》の目的を達成するためには、井伊〔大老〕を刺すのが道であると信じた。そのために死ぬことは、孔子の説いた「朝に道を聞けば、夕べに死すとも可なり」の教訓を実現するものであると信じ、あのような一挙をあえてしたのである。

そのほか、維新前後の人々は、皆この章句を我が精神とし、やみくもに進んだものであるが、孔子は決して桜田浪士のような振る舞いを慫慂《しょうよう》〔誘い、すすめること〕するためにこの章句を説かれたものではない。ただ命に代えても道〔道理や信じた道〕を重んじるべきであると教えたにすぎないのである。

道理に照らして行え

子曰《しいわ》く、利《り》に放《よ》りて行《おこな》えば、怨《うら》み多《おお》し。

孔子は言った。利益〔私利私欲の打算的な利〕ばかり求めて行動すれば、〔他者から〕怨まれることが多くなる。〔『論語』里仁篇《りじんへん》〕

ここに掲げた章句を説明するためには、あえていちいち実例を引照《いんしょう》〔参照すること〕して申し述べるまでもなく、ただ自分の利益になりさえすれば、他人はどうなっても構わないという処世ぶりで世の中を渡っている人が、世間からいろいろと怨みを受けている事実は、ほとんど枚挙にいとまがないほど、そこここにたくさんある。私利私欲の一点張りで、世間に対し自分の利益を謀《はか》ることのみ努める人で、世間の人から怨みを受けていない者は、ほとんど一人もいないと言っても過言ではあるまい。このように自分の利益のみを謀《はか》ることが、世間の人から怨みを受ける原因になるものだとしたら、人は何を目安にして行動するのがよいのだろうか。他人の利益を謀《はか》ることを目安にしてよいのだろうか。これは実際上、世に処するにあたって、多くの人々の胸中に湧く戸惑いである。

物事は何に限らず、道理に照らしてその是非を判断するのが最も安全な方法である。自分の利益のみを目安にして行動すれば、世間より怨みを受けるようになるし、だからといって他人の利益をのみ目安にして行動すれば、いたずらに宋襄《そうじょう》の仁《じん》〔無益の情け〕に流れて、自分を滅ぼしてしまうようにもならぬとも限らぬ。

よって、多少他人が困るような行動に出なければならない場合には、その行動が果たして道理に合うかどうか否《いな》かをまず考え、道理に合う処置であると信じたならば、断じて決行するのが良い。一例を挙げて言えば、私は銀行業を営む者であるから、銀行業者としてある抵当物を担保にとって貸金をすることがある。金を借りた債務者が返金をしない場合には、やむなくこの担保に取っておいた抵当物を処分しなければならないことになる。その場合、抵当物を処分してしまえば先方は困るに違いないが、銀行業者のこの措置は利によって行ったというべきものでもなく、また、そのようにしたからといって、銀行業者は世間から怨みを受けるはずのものでもないのである。なぜならば、銀行業者のこのような措置は道理に合ったことで、少しも道理に外れたところがないからである。

自信は安心立命《あんしんりつめい》の礎

子曰《しいわ》く、位《くらい》無きを患《うれ》えずして、立《た》つ所以《ゆえん》を患《うれ》えよ。己《おのれ》を知《し》るもの莫《な》きを患《うれ》えずして、知《し》るべきを為《な》すことを求《もと》めよ。

孔子は言った。自分の地位のないことを嘆かず、地位につくだけの理由〔資格など〕が無いことを反省せよ。また、自分〔の力量や才能〕を知る人がいないことを嘆かず、〔すぐれた人物であると〕知られる理由のないことを反省すべきである。〔『論語』里仁篇《りじんへん》〕

ここに掲げた章句と同じような意味のことは、これまでお話した中でも、すでにしばしば申し述べたのだが、青年子弟諸君は、ややもすれば自分の境遇・位置が意の通りでないために仕事ができないとか、手腕を振るえないとかなどと不満を鳴らしたがるものである。しかし、そういう人は、もしその境遇・位置が順当になっても、平素から広言《こうげん》〔放言。口から出まかせ〕していたような大きな仕事ができるものでないのである。

また、このような考えを平素から抱いているような人には、自分の望むような境遇・位置が、容易に訪れるものではない。されば、人たるものはこのような空想を抱いて、現在の境遇・位置に対する不平を鳴らすよりも、現在の境遇・位置に対処して、果たしてよく自分の義務や責任を完全に尽くしているか否かを考え、これを果たすことに全身の努力を傾けるのが良いのである。そうでなければ、いつまでたっても衷心《ちゅうしん》〔心の奥底〕に安心立命《あんしんりつめい》〔安らかな境地〕は得られず、日々不安や不平の念に駆《か》られて生活しなければならないことになる。

これが孔子の、

「位無《くらいな》きことを患《うれ》えず、立つ所以《ゆえん》を患《うれ》えよ」

と説いた理由である。孔子は、『論語』の里仁篇《りじんへん》においてのみならず、他の箇所でも、

「来《きた》らざるを恃《たの》まず、以《もっ》て待《ま》つあるを恃《たの》む〈来ないものをあてにするのではなく、いつ来ても良いように備えておく〉」

とも言っている。その趣意は、自分の希望どおりに果たしてなるものかならないものか判然としない境遇や位置の改善をあてにせずに、いつ何時《なんどき》いかなる難渋《なんじゅう》な境遇、いかなる高い位置に置かれても、〈それに対処して〉失態を犯さないように、うまくその境遇・位置に処してゆけるだけの素養を普段から蓄え、それをたのみとして、安心立命を得るようにすべきだということである。

また人は、いかに自分は偉いと威張り散らして、世間に触れ回って歩いたところで、世間ではけっしてその人を偉いとは認めてくれないものである。けれども青年子弟諸君の中には、自分の技量・才能を世間が認めてくれないからといって、不平を起こして騒いだり、また世間に自分の名を知られたいからといって、「俺は偉いぞ」と威張り散らして歩く者がいる。それよりは、平素の修養によって着実に実力を養い、実行によって着々と効果を上げるようにするのが良い。そのようにさえすれば、あえて求めなくても、その人は世間に知られるようになるものである。この点は、功名心の

盛んな青年子弟諸君が篤《とく》と心得ておくべきことで、孔子の教訓の趣旨も実にここにあるのである。

曾子《そうし》の偉大な人格

子曰《しいわ》く、参《しん》や、吾《わ》が道《みち》は一以《いちもっ》てこれを貫《つらぬ》く。曾子曰《そうしいわ》く、唯《い》。子出《しい》ず。門人《もんじん》、問《と》うて曰《いわ》く、何《なん》の謂《い》いぞや。曾子曰《そうしいわ》く、夫子《ふうし》の道《みち》は忠恕《ちゅうじょ》のみ。

孔子は、「参〈曾子〉よ、私の道〈人生〉はただ一つの道〈道理〉で貫ぬいてきたのだ」と言った。曾子《そうし》は、「わかりました」と答えた。孔子が出て行った後、門人が、「どういう意味だったのでしょうか」と尋ねると、曾子は言った。「先生の道は忠恕〈真心と思いやり〉と、それに尽きるだけである」と。〈『論語』里仁篇《りじんへん》〉

曾子とは曾参《そうしん》のことである。孔子教には、孔子の弟子の中で俊秀な者を十人選んで、これを十哲と称するほかに、なお孟子《もうし》、顔淵《がんえん》、曾参《そうしん》、子思《しし》の四人を選んで四配《しはい》と称して尊崇《そんすう》し、孔子をお祀りするときには、この四人を孔子の陪賓《ばいひん》〈正客に相伴《しょうきゃくしょうばん》する客人の意〉のように配してお祀りする慣習がある。現に、東京の湯島聖堂にも、孔子にこの四配を配して祀ってある。

曾参すなわち曾子という人は、孔子の弟子の中でも特に優れた人材で、単に学問が深かったのみならず、非常に親孝行な人であった。「身体髪膚《しんたいはっぷ》〈体全体〉これを父母に受く」の句で有名な『孝経』

なども、孔子が曾子に孝を説いた時の教訓である。曾子は、実に何かにつけて偉大な趣《おもむき》のあった大人物である。

ある日、孔子はこの曾子に、

「わが道《みち》は一以《いちもっ》てこれを貫《つらぬ》く」

と、禅宗の和尚の問答のような漠然として捕捉しがたいような言葉を発した。すると、曾子はわずかに一言《いちごん》「唯《い》」と答えた。つまり、

「わかりました」

と言ったの同じである。傍《かたわ》らでこの問答を聴聞していた曾子の門人たちは、さて不思議なこともあるものだ。大師匠の孔子は

「私が説くところの道は多岐に分かれて、いろいろになっているが、これを貫いているものがただ一つある」

と言っただけで、その一つが何であるかを言わなかった。それなのに、曾子がこれを聞いて、

「わかりました」

と答えたのは実に妙だと、孔子が留守になってから、曾子に対して、

「一体全体、その一つは何ですか」

と質問におよんだのである。曾子がこれに答えたものが、ここに挙げた章句の重要な点である。

孔子の忠恕《ちゅうじょ》とキリスト〔教〕の愛

曾子は、孔子の四配《しはい》の一人として祀られるほどの偉大な人物でだっただけあって、日夜、孔子に親炙《しんしゃ》〔親しく接して感化を受けること〕するうちに、孔子の精神をよく呑み込んで理解していたものとみえる。よって、すぐに答えて、

「忠恕《ちゅうじょ》のみ」

とはっきり言い切れたのである。つまり、以心伝心で曾子は孔子の精神を感得《かんとく》〔会得すること〕していたのである。

孔子の各方面にわたる長年の教訓も簡潔に言ってしまえば、結局、曾子の言葉のように「忠恕《ちゅうじょ》」の二文字になる。『論語』の教訓も、つまるところは「忠恕」の二文字を出るものではない。したがって、論語の根本義を知ろうとする者は、まず何よりも先に「忠恕」がどのようなものであるかを心得ておかなければならないのである。

忠恕とは、果たしていかなるものか。これは随分難しい問題である。キリスト教でいう「愛《ラブ》」は、曾子のいう「忠恕」に似たものであるかのようにも思われるが、その辺のところは、私においても

確言《かくげん》〈言い切ること〉できない。しかし、いずれにしても「忠《ちゅう》」とは衷心〈心の奥底〉から誠意懇情《せいいこんじょう》〈私利私欲を離れた正直で親切な心〉を尽くし、何事に臨んでもいいかげんな態度を出さず、曲がらずにまっすぐな心持ちになることである。それから「恕《じょ》」とは、平たく言えば「思いやり」と同じ意味で、物事に臨む際は相手の境遇、相手の心持ちになって考えてやることである。しかし、忠と恕とは個々別々のものではない。この忠と恕とが一つになった「忠恕」というものが、すなわち孔子の一貫した精神で、また『論語』を一貫する精神なのである。

忠恕の精神とはこのようなものであると、いちいち条件を挙げて説明するのはなかなか至難《しなん》のことであるが、『論語』に親《したし》みさえすれば、曾子のように感得することのできるものである。全ての人がこれを感得し、常に心の奥底に忠恕の精神を絶やさず、さらに智略をもって臨みさえすれば、世の中の事は全て円滑に進行し、ゴタゴタなどもなく、お互いに平和に生活していけるものである。世間が意のようにならず〈思いのままにならず〉、紛擾喧噪《ふんじょうけんそう》〈もめごとや、さわがしいこと〉が絶えないのは、一に今の人々に忠恕の精神が欠乏しているからである。

智略も必要である

世に処するにあたって、人にとって何よりも大事なものは忠恕《ちゅうじょ》の精神であるが、この精神を行為に顕《あらわ》して実践しようとするには、智と略がなければならないものである。つまり智略は、忠恕の精神が因となって活動するにあたり、必須《ひっす》の縁《えん》である。

智とは、事物を観察して判断する力である。この判断力がなければ、いかに忠恕の精神を行おうとしても、どのように実際に対処すべきなのか、検討がつかなくなる。また、略がなければ、忠恕の精神を実行しても、かえって人に災禍《さいか》をもたらす結果になるものである。従来、略という言葉は術策《じゅつさく》の意味に用いられる場合が多く、悪い連想を伴うことになっているが、私の言う略は決してそんな悪い意味を含むものではなく、善良な意味における略を指したもので、臨機応変《りんきおうへん》の工夫、すなわち「方便《ほうべん》」と同じ意味のものである。しかるに今の世間の多くの人々が、物事に対して処理するところを見ると、智略だけはあるが、智略の原動力となるべきはずの忠恕の精神を欠いているのである。智略だけがあって、忠恕の精神を欠く人の行動は、ただ恩威《おんい》〔情けと厳しい態度〕のみをもって万事・万人に臨むこととなり、その間に少しも温《あたた》い正直なところがないから、人心を動かせるものでもなければ、また社会を動かし得るものでもない。

恩威とは金銭《かね》と拳固《げんこ》

恩威《おんい》とは、平たく言えば金銭《かね》と拳固《げんこ》〔褒美《ほうび》と罰《ばつ》〕である。忠恕の精神を実際に行うためには、他人に甘く接するばかりでは駄目なもので、時には拳固を握って見せ、大いに脅《おど》しつけてやることが必要な場合もある。だからといってまた、拳固を示して脅しさえすれば、天下の者が皆それを恐れて、万事万端うまく進むというものでもない。時には金銭《かね》を与えて恩を着せてやらなければならない場合もある。

このように、金銭《かね》と拳固と、拳固と金銭を交互に見せて、うまく物事の進行をはかる間に、恩と威が並行して、智略が功を奏することになるものであるから、恩威を併せて行うことも、もとより処世の上では必要なことであるが、恩威が行われているだけで、その根本となるべき忠恕の精神を欠いていては、あたかも下世話にいう「仏《ほとけ》作って魂《たましい》入れず」というようなもので、せっかく行った恩威が、恩威の功徳をあらわさず、結局は苦労ばかりして効果が上がらないものになる。恩威によって十分な効果を上げるためには、実に忠恕の精神が必要である。智略の効果を上げさせるのも、また忠恕の精神である。

日本の中国に対する措置《そち》なども、まず忠恕の精神をもって臨み、これを行うに智略をもって接すれば、良好な効果を上げられるはずである。私は普段より、中国問題については深くこの点を憂慮し、機会のあるたびに外交筋へも、中国に対しては、何よりもまず忠恕の精神をもつようにと申し入れている。しかし、どうも私の願うようにならず、忠恕の精神を欠いた智略のみをもって臨むことになりがちなので、ただ恩威を行おうとするのみになり、骨を折った割には効果が上がらないことになってしまうように思われるのである。

処世でも外交でも、根本は全て同じである。忠恕の精神をもって臨まなければ、決してうまく円満に進行し、自他共に喜ぶというまでにはなれるものではない。

忠恕の精神は、単に中国に対する外交上に必要なものであるだけでなく、またアメリカに対する外交にも必要である。否《いな》、国と国との国際関係には、個人と個人との交際に忠恕の精神を必要とするのと同じように、やはり忠恕の精神を必要とするものである。アメリカが日本に対して忠恕の精神を持ち、日本がアメリカに対してまた忠恕の精神を持ってさえいれば、両国の国交は永遠に円満であるだろう。いずれの国と国との間においても、国交の破裂に至るのは、常に忠恕の精神を欠くのが原因になっている。国際の円満は、相互の忠恕によってはじめて達成できるものである。

第一三話　一を聞いて十を知る人

一を聞いて十を知る人は稀《まれ》

子《し》、子貢《しこう》に謂《い》いて曰《いわ》く、汝《なんじ》と回《かい》と孰《いず》れか愈《まさ》れる。対《こたえ》て曰《いわ》く、賜《し》や何《なん》ぞ敢《あ》えて回《かい》を望《のぞ》まん。回《かい》や一《いち》を聞《き》いて以《もっ》て十《じゅう》を知《し》る、賜《し》や一《いち》を聞《き》いて以《もっ》て二《に》を知《し》るのみ。子《し》曰《いわ》く、如《し》かざる也《なり》、吾《われ》は汝《なんじ》と如《し》かざるなり。

孔子が子貢に向かっていった。「お前と回〈顔回〉とで、どちらがすぐれているか」と。〈子貢が〉答えて「賜《し》〈この私〉など、どうして顔回と比べるなど望みましょうか。顔回は一を聞いて十が分かります。賜〈私〉は一を聞いて二を知るだけです」。孔子が言った。「その通り。私もお前も〈顔回に〉及ばない」と。〈『論語』公冶長篇《こうじちょうへん》〉

ここに掲げた章句のうちの「回《かい》」とは顔回《がんかい》のことであるが、「賜《し》」は子貢《しこう》の名である。一日《あるひ》、孔子

は子貢に向かい、

「顔回と貴公《おまえ》と孰《いず》れの方が豪《えら》からうかな？」

と御問《おと》いになったのである。すると子貢は、

「私なぞはとても顔回に及びません、顔回は一を聞いただけで能《よ》く十を知りますが、私は一を聞いて二を知り得たら、それでもう精々《せいぜい》でございます」

と、自分の顔回に及ばざる所以《ゆえん》を述べたのである。これを耳にされた孔子は、子貢が己《おのれ》の愚《ぐ》を知る明《めい》があるのを深く賞《しょう》せられ、

「いかにもその通りで、貴公《おまえ》は顔回に及ばぬが、及ばぬことを知ってるところが豪《えら》いのだ」

と仰せになったというのが、この章句の意味である。

顔回のごとく一を聞いたのみで、それからそれへと察しをつけ、よく十を知り得るまでに頭脳の働く人は滅多にあるものでない。否《いな》、子貢のごとく一を聞いて二を知り得る人さえ、容易に世間にはあるものでないのである。たいていの人は一を聞いても、その一をすら満足に理解《わか》らずに、お茶を濁しているばかりである。しかしそれでも自惚《うぬぼれ》だけは相応に強く、己の愚を覚《さと》らずして、ひとかどの才子ででもあるかのごとく思って挙動《ふるま》い、ためにかえって大きな過失《あやまち》を仕出来《しでか》すことになる。また、一を聞いて十を知るということも、顔回のごとく学問上においてならば格別だが、一概に結構

な性分であるとのみ謂《い》い得られない場合がある。

平岡円四郎と藤田小四郎

これまで申し述べたうちにもあるごとく、私を一橋家に推薦して慶喜公《けいきこう》に御仕《おつか》え申すようにしてくれた人は平岡円四郎であるが、この人は全くもって一を聞いて十を知るという質《たち》で、客が来るとその顔色を見ただけでも、早や何の用事で来たのか、チャンと察するほどのものであった。しかし、かかる性質の人は、あまりに前途が見え過ぎて、とかく他人の先回りばかりをすることになるから、自然、他人《ひと》に嫌われ、往々にして非業《ひごう》の最期を遂《と》げたりなどするものである。平岡が水戸浪士のために暗殺されてしまうようになったのも、一を聞いて十を知る能力のあるにまかせて、余りに他人《ひと》の先回りばかりした結果ではなかろうかとも思う。

平岡円四郎のほかに、私の知ってる人々のうちでは、藤田東湖《とうこ》先生〔一八〇六～一八五五。幕末の儒学者〕の子の藤田小四郎〔一八四二～一八六五〕というのが、一を聞いて十を知るとはかかる人のことであろうかと、私をして思わしめたほどに、他人《ひと》に問われぬうちから、前途《さき》へ前途《さき》へと話を運んでゆく人であった。

藤田小四郎に遭《あ》ったのは、私が二四歳、小四郎が二二歳の時で、土竈河岸《へっついがし》〔蠣殻町《かきがらちょう》〕に道場を開いておった市和田又左衛門という人の許《もと》に出入りする穂積亮之助《ほずみりょうのすけ》――私の親戚の穂積とは全く違うが――と申す者の紹介によったのであるが、場所は今の砲兵工廠のある水戸屋敷の近所の鰻屋においてである。

その際私は小四郎にむかい、水戸が桜田事変のごとき、単に幕府の当路者にのみ反抗して、幕府そのものを攻撃するのに手ぬるいところのあることを責めたり、また水戸の藩内には朋党が盛んで、互いに相い争うごとき醜態を演ずることのあるのを攻撃したりなどしたが、小四郎は所謂《いわゆる》一を聞いて十を知る鋭敏の頭脳を持った人であったから、私が問を発せぬうちに、早や私が聞かうとしておった条項をよく察知し、チャンと先回りをして一々これを並べ挙げ、水戸と幕府との関係はかくかく、長州との関係はしかじかと、詳細に説明弁解したものである。私はこれを聞いて二二歳にしては、実によく気の付く賢い人だと思ったのである。

陸奥伯に丈夫の志なし

外務大臣をなされたことのある陸奥宗光《むつむねみつ》伯は、平岡円四郎とほとんど全く同型の人で、一を聞いて十を知る機敏な頭脳を持っておられたかのように思われる。とかく一を聞いて十を知る質《たち》の人は、余りに先回りをするので、他人にいやがられる傾きのあるものだが、陸奥伯にはそんな傾向《ところ》がなく、至って交際《つきあ》い易い人であった。随って平岡円四郎のように非業の最期をも遂げず、畳の上で死ぬことができたのである。

私は陸奥伯を一寸《ちょっと》お世話申した縁故《えんこ》があるところより、伯は欧羅巴《ヨーロッパ》に出張しておられる間も、始終私の許《もと》に文通せられたもので、私は伯の手簡を数百通も所持している。知人から私に送られた手簡のうちで、伯のが一番に数が多かろうと思う。伯も平岡円四郎のように、一寸《ちょっと》したことを聞いただけで、それからそれへと考えを進めてゆき、事を未然に察知するまでの才智のあった人だが、どちらかといえば、金銭と権勢とに動かされ易く、一身の利達《りたつ》を謀らんがためには、形勢を察して金銭と権勢とのあるところに就《つ》くを辞さなかったらしく、大丈夫《だいじょうぶ》の志がなかった人のように思える。それから妙に他人を凌《しの》ぐような傾向があって、談話などでも、自分の才智に任せて対手を圧迫してくるごとき気味合いを示したものである。これがため、多少他人《ひと》からいやがられたこともあろうが、交際は至って如才のなかった方である。

言行の不一致を責む

宰予昼寝《さいよひるい》ぬ。子曰《しいわ》く、朽《く》ちたる木《き》は雕《ほ》るべからず。糞土《ふんど》の牆《かき》は杇《ぬ》るべからず。予《よ》に於《おい》てか何《なん》ぞ誅《せ》めん。子曰《しいわ》く、始《はじ》め吾《わ》れ人《ひと》に於《お》けるや、其言《そのげん》を聴《き》きて其行《そのぎょう》を信《しん》ず。今吾《いまわ》れ人《ひと》に於《お》けるや、其《その》言《げん》を聴《き》きて其行《そのぎょう》を観《み》る。予《よ》に於《おい》てか是《これ》を改《あらた》む。

宰予《さいよ》が昼寝をした。孔子が言った。「朽ちた木には彫刻などできない。ぼろぼろの土塀〔牆《かき》〕には上塗りできない〔補修できない〕。宰予に対して叱るまい〔叱っても仕方がない〕」と。また孔子が言った。「はじめのうち私は人に対して、その発言を聞けば行動まで信じた。今は、私は人に対するのに、発言を聞いたあと、発言どおりに実行されるか観察するように、方針を改めた」。〔『論語』公冶長篇《こうじちょうへん》〕

ここに掲げた章句は、御弟子《おでし》のうちでも、言論弁舌にかけては非凡の長所ありとされた十哲の一人の宰我《さいが》〔その名は予《よ》〕が、昼寝をしておったのを耳にされ、これを憤《いきどお》って発せられた孔子の言葉である。ただ昼寝をしておったというだけでは、これほどに憤《いきどお》られそうなはずもないから、単に昼寝をしておったのみでなく、白昼妾宅《しょうたく》にでも入浸《いりびた》りをしておったところを見つかったのであろう、などとの説もある。また「晝《ひる》〔昼〕」の字は「畫《が》〔画〕」の字の誤りで、宰我が寝室に卑穢《ひわい》な絵を画《か》したことを聞き知られたために、お咎《とが》めになったものであろうなどとの説もある。

しかし、こんな風に余り微細なる点にわたってまで詮索するのは、かえって囚《とら》われた解釈でなかろうかと私は思うのである。孔子の教訓の趣意は、宰我が言論に秀でて、平常《ふだん》立派なことばかりを申していたにかかわらず、行実これに伴わず、とかく言行の不一致勝《がち》であるのを責められ、従来《これまで》は宰我のごとき立派な言論を聴けば、必ずその行実も言論のごとく立派なものであろうと信じておったが、今回宰我の言行不一致なるをみるにつけても、大いに覚るところがあったから、以後はその人の言によってその行を信ぜず、実際の行動を見た上で人物を判断することにいたそう、と仰せられたのであるらしく思える。要するに、口ばかり達者で行いのこれに副《そ》わぬ人の多いのを慨《なげ》かれたのがこの章句の真意である。

始めは言により人を信ず

孔子においてさえ、始めのうちはその言によってその人を信ぜられたほどのものゆえ、況《いわ》んや孔子ほどでもない凡夫の我儕《われわれ》は、とかく若いうちなど、その人の実際の行為について碌々《ろくろく》調べもせず、ただわずかにその人の言を聴くのみで、一寸《ちょっと》立派げな正しそうなことを言うからとて、直ぐこれを信じたりする傾向があるものである。孔子も経験を積まれるに随い、宰我《さいが》の例などもあったので、言を聴いたのみでその人を信ずることの軽挙であるのに気づかれ、その言を聞いた上にその実際の行いを見て、人物を判断するようになられたものと思われる。

孔子は果たして何歳のころから、このように人物鑑別の方法を改められるようになったものか、私には解《わか》らぬが、人は経験を積むにしたがい、飼犬に手を噛まれて見たりなぞすれば、うっかり人の口車に乗ってはならぬものだということに気のつくものである。真《しん》に人を鑑別しようとするには、その言を聴き、その行を見ただけでも、なお不満足なところのあるもので、更に一歩を進め、『論語』為政篇《いせいへん》において孔子が、

「其《そ》の以《な》す所《ところ》を視《み》、其《そ》の由《よ》る所《ところ》を観《み》、其《そ》の安《やす》んずる所《ところ》を察《さっ》すれば、人焉《ひといずくん》ぞ廋《かく》さんや」

と説かれたご教訓中にもあるごとく、行為のみならず、行為の根本となる精神、精神の由来する安心立命の基礎にまでも観察を進めて、人物の真相を判断するようにせねばならぬものである。そういたしさえすれば、人の真相は必ずこれを明らかにし得るもので、孔子の仰せられる通り、「人焉《ひといずくん》ぞ廋《かく》さんや」である。

大事業を達成する人の鑑識

従来も申し述べたことのあるごとく、非凡の才識を具えられた人で、存外人物の鑑別眼に乏《とぼ》しい方が少なくない。いかに自分に才識がなくても、人物についての鑑別眼さえあれば、部下に優秀の人物ばかりを網羅し得られるから、自分だけの才略智能をもってするよりも、はるかに良い成績を挙げられるものである。昔から大事業を成《な》した人は、自分の才識によるよりも、部下に人物を得た

人の方に多いように思われる。一人の才識智能はいかに非凡であるからとて、およそ限定《かぎり》のあるもので、そうそう隅から隅にまで及び得られるものでない。しかし、才識があり手腕のある人を、遺《い》憾《かん》なく部下に網羅して置けば、各《かく》その特技を発揮し、一長一短相い補い、事業を大成し得らるるものである。

故に、いやしくも大事業を成さんとするの大志ある人は、自分の才識によってことを遂《と》げようとするよりも、人物を鑑別して適材を適所に配置し、部下に人を得ることに意を用いねばならぬものである。

前にも申し述べた平岡円四郎なども、ご当人は非凡の才識を有した人に相違ないが、人物を鑑別する鑑識眼においては乏しかったらしく、その用いた人が悉《ことごと》く善良の人であったとは言い得ぬように思われる。私が少壮血気に走って、幕府を倒してやろうとの精神で国事に奔走している際に、幕府からの手が廻って、危く馘《くび》にでもなろうというところを、平岡円四郎は一橋慶喜公に仕えるようにして呉《く》れたのであるから、当時平岡円四郎は私を識ってくれたのであると謂《い》えば、平岡にも人物の鑑識眼があったものだと申さねばならぬことにもなる。しかし平岡に当時私が識られたと思うのは間違いで、多少事理《もの》の解る男を、まだ齢《とし》もいかぬのに殺してしまうのは可哀そうなものだから助けてやろう、ぐらいのところで救ってくれたものらしく、私を観《み》て大いに用ゆべしとしたからではなかろうと思う。

井上侯の人物鑑別眼

陸奥宗光伯も、前に談話《おはなし》した通りで、ご自身には優《すぐ》れた才識のあらせられた御仁《おひと》で、権勢と金力とのあるところを見て、これに就《つ》くことにかけては誠に敏捷であったが、人物を鑑別する力においては、余り優《すぐ》れた方であったとは申し上げかねるように思える。したがって、陸奥伯の交わられた人や用いられた人は、必ずしも善良誠実の人ばかりであったようにも思えぬ。

井上侯は、どちらかと謂《い》えば元来が感情家であるから、人物を鑑別するに当たってもまた感情に駆られ、是非善悪、正邪の鑑別ができないで、好きだと一度思い込んだら、その人に悪い性質のある事を覚《さと》り得ぬまでの盲目になってしまいそうに思われるが、決してそんなことのなかった方で、人を用いるには、まずその人物の是非善悪、正邪を識別するに努められ、それから後に始めて用ゆべきを用いたものである。したがって佞人《ねいじん》〔へつらう人。佞者《ねいしゃ》〕を仁者《じんしゃ》であると思い違えて、これを重用するなどのこともなかったものである。

第一四話　決断の遅速

三思するも、なお、足らざることあり

季文子《りぶんし》、三《み》たび思《おも》いて後《のち》に行《おこな》う。子之《しこれ》を聞《き》きて曰《いわ》く、再《ふたた》びすれば斯《すなわ》ち可《か》なり。

季文子は、三度思案したのち実行した。孔子はこれを聞いて言った。「二度ほど思案すればよかろう」と。〔『論語』公治長篇《こうやちょうへん》〕

季文子《りぶんし》は名を行《こう》と申した魯《ろ》の大夫《たいふ》であったが、何事にも石橋を叩いて渡るという流儀で、三度考えてから後でなければ、決して実行に取りかからぬところより、当時の人々は、季文子を智慮周到《ちりょしゅうとう》の人物なりとて、しきりに賞《ほ》めたものである。

しかし、孔子はかえって季文子を果断の勇に乏しき人物なりとし、強《し》いて三度までも考え直すには及ばぬことだ、と言われたのである。ここに掲げた章句を文字通りに解釈すれば、こういう意味になるのであるが、二度とか三度とかいう文字に拘泥《こうでい》しては、かえって孔子の真意が了解《わか》らなくなってしまう恐れがある。

総じて世の中の物事には、三思《さんし》してもなお足らず、十思、百思を必要とするものもあれば、また再思の必要だになく、考えたら直ちに実行せねばならぬこともある。孟子も説いているごとく、子供が井戸に落ちるのを見れば、直ちに惻隠《そくいん》の情《じょう》が起こってくるが、惻隠の情が起こったら直《す》ぐこれを救うために駈けつけねばならぬのが人間の道である。

「救ったらよいだろうか、どうだろうか」

と、一思の余地さえその間にあってはならぬ。君父《くんぷ》の難に赴《おもむ》くに当たってもまた然《しか》りで、難を知ったら、直ちにこれに赴かねばならぬものである。咄嗟《とっさ》の事変に対しては、咄嗟の間にこれに処するだけの心がけを平常より養っておかねばならぬものである。

しかし、一身の将来に関するごとき問題については、決してこれを咄嗟の間に決すべきものでない。考慮に考慮を重ねて十思したるうえ、ようやくにしてこれを決するほどにせねばならぬものである。私は及ばずながら今日まで、この方針で物事を決することにしてきたのである。しかし、決断の優れた人物になるのは、決して容易の業《わざ》でない。

大人物にして初めて決断の優れた人物になり得るもので、平々凡々の人物が、下手に裁決流れるがごとしというような真似をすれば、かえって飛んでもない失敗を招くことになるが、私は今日までに読んだり聞いたりしている古来の人物のうちで、決断の明快でしかも道を過《あやま》らなかった大人物として、戦国時代で太閤秀吉、泰平の時代に入っては水戸義公《ぎこう》、それから下《くだ》って徳川慶喜公を推さんとするものである。

太閤秀吉と柴田勝家

豊臣秀吉が決断の明快な人物であったことは、二〇歳にして遠江の土豪松下之綱《ゆきつな》に仕え、折角《せっかく》可愛がられておったにかかわらず、松下氏の為《な》す無《な》き所《ところ》に見切りをつけ、織田信長の天下を一統するに足る大人物なるを見込み、松下氏を去って織田氏に仕えた一事のうちにもすでに顕《あらわ》れているが、秀吉の明快なる決断力は、信長が光秀に弑《しい》されたときの本能寺の変に際し、最も良く顕れている。秀吉が信長の命を受けて、中国征討のため京都から進発したときには、本能寺の変があろうなどと夢にも思わず、もとよりこれがために何の心準備をしておったでもなかろうが、一旦、信長弑殺の報に接するや、直ちに毛利輝元《てるもと》と和議を講じ、光秀誅伐《ちゅうばつ》の意を決して軍を引き還《かえ》えし、信長が弑されてから僅《わずか》に十有三日にして、光秀の首をあげ得たのは一に秀吉に果断のあった結果である。

秀吉が斯《か》く咄嗟《とっさ》の間に光秀誅伐の意を決して、毛利輝元と和議を調えたのは、信長が歿《な》くなったあとを自分で引き受けてやろうとの野心から出たものでなく、君父《くんぷ》の仇は倶《とも》に天《てん》を戴《いただ》かずとの誠実から、光秀を一途に主君の仇であると思い込み、何《な》んでも彼《か》でも主君の仇を報ぜねばならぬとの考えから、一思にも及ばず、直ちに光秀を討とうと決意して、軍を中国より引き還えしたものらしいが、柴田勝家にはこの決断がなかったので、遂に秀吉に亡ぼされてしまわねばならぬようになったのである。

勝家にもし秀吉と同じ明快な決断力があったとしたら、本能寺の変を聞くや直ちに駈けつけて光秀を討つべきはずのものである。しかるに勝家はいたずらに形勢を観望して、もしや将来明智の天下になりもやせぬかなどと心配し、うっかり今なまなかに手出しをして光秀に怨《うら》まれでもしたら、取り返しがつかなくなるなどと考えて、君父の仇は倶に天を戴かずとの義烈《ぎれつ》の精神を欠いておったものだから、秀吉に功名を挙げられ、天下を取られてしまうことになったのである。

しかるに自分の不徳不決断より、事のここに至れるを恥じる模様もなく、秀吉に天下の権を握られてしまって、自分がわがままのできぬようになったのを不快に思い、自分の到らぬを責めずして漫《みだ》りに秀吉を恨み、かつその間に誠意のない策略を弄するに至ったものだから、ついには賤《しず》ケ岳《だけ》の合戦ともなり、五四歳を一期《いちご》として城に火を放ち、天主閣に登って自殺を遂げねばならぬまでの悲運に陥ったのである。

しかし、流石《さすが》の秀吉も晩年に至っては、年齢《とし》の加減もあるだろうが、稍々《やや》優柔不断に流れる弊《へい》に陥った嫌いのあったものらしく見受けられる。

秀吉の家康対策

人間は老人になると、従来いかに決断の明快をもって鳴っていた人でも、往々にして決断力の鈍ってくるものと見え、若い時に非凡の果断力があった流石《さすが》の太閤秀吉も、晩年にはよほど、万事に決断が鈍るようになってしまわれたものらしく、豊臣家が一代にして衰亡の悲運を迎えざるべからざるに至ったのも、その発端は秀吉の決断力が晩年に及んで鈍ったのにある。ことに臨終に際して、一子秀頼を全く徳川家康に托してしまったものか、しまわぬものかと決断に彷徨《まご》つき、家康に托したようでもあり、また托さぬようでもあり、そのへんを頗る《すこぶ》曖昧にしておかれたことは、後日《のち》に至り豊臣家の衰亡を早めたものと見て差し支えないのである。

慶長三年〔一五九八〕七月、秀吉は自らの病篤《やまいあつ》きを知るや、自分の死後よく天下を一統してその安泰を計り得るものは、徳川家康をおいて他にその人なしと看《み》て取ったものだから、早速に家康を召し寄せ、

「天下の後事は宜《よろ》しく貴卿《あなた》に御任《おまか》せ申し上げる。また、幼子《ようし》秀頼の儀も宜しく御頼《おたの》み申す」

と懇々《こんこん》と家康に頼み入ったのであるが、聡明にして万事に抜目のない家康のこととて、秀頼には淀君という厄介な風鈴の付いている事情を知っていたので、直ぐに秀吉の委嘱《いしょく》を引き受けて受諾の意を言明するような事をせず、

「不才《ふさい》〔才能が乏しいこと。非才〕につき、重任《じゅうにん》〔重大な任務〕に適《てき》せぬから」

と称して、うまく辞退してしまった。それでもなお秀吉にしてあくまで家康に後事を托したいとの決意があって、更に進んで家康に頼み込み、淀君、秀頼をも家康に引き合せ、

「後事はすべて家康に托したから、我が亡き後は家康を秀吉なりと心得、何事にも家康の命に聴《き》けよ」

と申し渡しておきでもしたら、いかに秀吉の没後とても、豊臣家はあんな悲惨な末路を見ずして済んだろうと思われる。

　しかるに流石《さすが》の秀吉も、晩年にはこれだけの処置に出《い》でる決断力がなくなってしまっていたので、家康に全く後事を托してしまうのも、何んとなく心配なように思われ、そこに愚痴《ぐち》が手伝ったものだから、家康が辞退したのをそのままにして、奉行五人、大老五人を置き、合議制によって秀吉歿後の天下を差配させることにしてしまった。このため、秀吉が歿《な》くなった後では、淀君がかれこれと我意《がい》を張って我儘《わがまま》を募らせ、大勢の趨《おもむ》くところに反抗して家康を侮蔑《ぶべつ》し、その極《きょく》、賢明なる片桐

且元《かつもと》の調停をも却《しりぞ》け、家康に対して戈《ほこ》を取るようになったので、ついに大坂の落城となり、豊臣家は徳川に滅ぼされてしまったのである。

人の重んずべきは晩年

人の一生の中で、何れか疎《おろそ》かにいたして宜しいという時期のあろうはずはなく、一生涯を通じて一分一秒といえども、悉《ことごと》くこれ重んずべき貴重の時間たるには相違ないが、人の生涯をして重《おも》からしむるのは、一にその晩年にある。

随分若いうちは、欠点の多かった人でも、その晩年が正しく美《うる》わしければ、その人の価値は頗《すこぶ》る上《あが》って見えるものである。これに反し、随分若いうちは豪《えら》かった人でも、その晩年が振わなければつまらぬ人物に見えるものである。人の一生に取つて晩年ほど大事なものはない。秀吉もその若い頃に得意とした明快なる決断力を晩年まで持続し得、臨終に近づくに際しても淀君を家康に引き合わせ、

「何が何んでも、我が死後は家康の命令通り」

ということに遺言して置きさえすれば、いかに驕慢《きょうまん》の淀君だからとて、秀吉の遺言に反《そむ》くほどの理《り》不尽《ふじん》な挙動に出《い》で得ざりしなるべく、よく家康を尊重してその命《めい》のままに従い、豊臣家の安泰を期

し得たろうと思われる。ただかくするまでの果断《かだん》が無かったので秀吉の没後、たちまちにして豊臣家の衰亡となり、ために光明赫々《かくかく》たる太閤秀吉の一生が暗雲に包まれてしまったかのごとき感じを、後世の人々に与えぬでもない。されば古人の詩にも、

「天意重夕陽。人間貴晩晴。」〔天意《てんい》夕陽《せきよう》を重《おも》んじ、人間晩晴《にんげんばんせい》を貴《たっと》ぶ〕

という句があるほどのものである。

この詩句の意味は、

「一日のうちでも最も大事なものは夕刻で、日中いかに快晴であっても夕刻になりかけてから雨でも降れば、その日一日が雨であったかの如《ごと》くに感じてしまわねばならぬと同じように、人間も晩年が晴々《はればれ》した立派なものでないと、つまらぬ人間になつてしまうものだ」

というにある。なお、他にも晩年の重んずべきを教えた古人の詩句がある。

これは漢の高祖《こうそ》があれほどの豪《えら》い人傑《じんけつ》でありながら、晩年に及び、あたかも秀吉が秀頼のことを気にしてやや振わざるに至りしごとく、末子《まっし》たる如意《にょい》のことを心配してクヨクヨした腑甲斐無《ふがいな》さを嘆じたもので、その句は、

「もし嗚咽《おえつ》して如意《にょい》を思《おも》うに比《ひ》すれば、烏江《うこう》の戦死《せんし》もまた英雄《えいゆう》」

というのであるが、ここに「烏江《うこう》の戦死《せんし》」と誦《よ》んだのは項羽のことである。この詩句は、

「漢の高祖を、英雄だ、英雄だ、と古来言い伝えているが、晩年におよび末子の如意のことを心配してクヨクヨし、泣いたり騒いだりしたのは、何んという態《てい》たらくだろう。あんなザマの人間をもなお称して英雄というを得《う》べくんば、烏江を渡らずに垓下《がいか》で潔《いさぎ》よき戦死を遂げた項羽の方が英雄なりといい得るぞ」

との意をうたったもので、人に晩年の注意すべきものを教えた詩である。

私とても、若いうちは決して欠点のなかったとは申し上げかねる、随分あったろうと思う。しかし、晩年だけでも他人《ひと》より余りかれこれとお小言《こごと》を頂戴せぬようにして終わり、所謂《いわゆる》晩晴を期《き》したいものであると心懸《が》け、及ばずながら努力しているつもりである。人は晩年が立派でありさえすれば、若いうちに多少の欠点失策があっても、世間はこれを容《ゆる》してもくれ、ある程度までは、立派な晩年の生活によって、若いうちの欠点失策を帳消しにすることもできるが、いかに若いうちが立派であっても、晩年が宜しくないとなれば、その人は遂に芳《かんば》しからぬ人で終わってしまわねばならぬものである。「天意夕陽《てんいせきよう》を重《おも》んず」の真意たるや他《た》に無《な》し、この辺の消息裡《しょうそくり》にある。

水戸義公の決断力非凡

私は、歴史上の人物に就《つい》ていえば、戦国時代の人では太閤秀吉を最も決断力に富んだ人であったと思うのであるが、泰平の時代では、水戸義公《ぎこう》〔光圀《みつくに》。一六二八〜一七〇〇〕が非凡の決断力を有した方《かた》であったかのように思うのである。水戸義公については、かつて「水戸の学風と徳川慶喜公」の一篇中にも詳細に述べ置いたが、ご自分が上命《じょうめい》〔天子の命令〕により兄頼重《よりしげ》を越えて水戸家を相続することになった代わりに、自分の跡は必ず兄頼重の子を相続すべしと決心し、承応《じょうおう》三年〔一六五四〕四月京都の関白近衛信尋《のぶひろ》の女《むすめ》を御簾中《ごれんちゅう》〔当時御三家の妻を斯《か》く称す〕に迎へられるに当たっても、予《あらかじ》めこの趣を内訓《ないくん》し置かれ、

「如何《いか》に嫡出子が生まれてもこれをわが嗣子《しし》とせず、兄頼重《よりしげ》の家を継がしめ、兄頼重の子を養い、これをして我が嗣子《しし》たらしむべきはずにつき、宜しくこれを心得て嫁《とつ》ぎ来るよう……」

と申し入れ、寛文元年〔一六六一〕、父頼房の薨《こう》ずるや兄頼重及び諸弟を父の霊前に会《かい》し、頼重の子《こ》松千代丸を嗣子《しし》として養うべきを宣言し、これを実行するに至ったことなどは非凡の決断力がなければ、とてもできるものではないのである。

また義公が青年の時より修史の志を起こして、これが実行を思い立ち、空前の修史事業たる『大日本史』の編纂に着手したことも、義公に非凡の決断力がなければとてもできたものでないのである。それから藩の年寄藤井紋太夫《もんだゆう》が才に任せて将軍綱吉の御側《おそば》用人柳沢吉保《よしやす》と心を合わせ、幕府顛覆の陰謀ありとの嫌疑起こるや、これを荒ら立てず内々《ないない》のうちに片づけてしまおうとの趣意から、一《ある》

日《ひ》能楽を御催《おもよお》しになり、藩中の家々に令《れい》してこれを参観せしめ、家人の留守になっている跡《あと》に人を遣わし、紋太夫の家宅捜索を行い、この陰謀について往復した密書数十通を押収し、証拠の顕然《けんぜん》たるものがあるのを見るや、公は「猩々《しょうじょう》」か何かの能を舞台で舞われて、楽屋に帰ると同時に、紋太夫を御前に召され、事《こと》に托《たく》して一刀の下《もと》に紋太夫を手討ちにされ、事を荒立てずに済まされたところなども、一に義公に明快なる決断力のあらせられたるに因《よ》ることである。

藤井紋太夫に関する事蹟は、たしか今より一六、七年前、故福地桜痴《おうち》居士〔一八四一～一九〇六。新聞記者・劇作家〕が、これを「安宅丸《あたかまる》」と題する芝居に仕組んで団十郎の水戸黄門、先代菊五郎の紋太夫で歌舞伎座に上演されたように記憶するが、その時の芝居では、義公が能を終えてから紋太夫を手討にされたようにせず、舞台に出る前に紋太夫を召されると、紋太夫も御手討《おてうち》を覚悟し、予《あらかじ》め陰腹《かげばら》を切って楽屋の御前《ごぜん》に出で、

「仮面《おもて》を持て」

との仰せでこれ〔仮面《おもて》〕を差し出すトタンに手落とし、御家重代《おいえじゅうだい》の仮面《おもて》を壊したので、義公は、

「不届者奴《ふとどきものめ》が……」

と一言《いちごん》の下《もと》に紋太夫の首を刎《は》ね、そのまま悠々と猩々の装束に血刀《ちがたな》を提げて橋懸《はしがか》りになるところで幕になるようにしてあった。

また、〔義公は〕晩年に及び一切の公職より隠退し、ポンと世間から離れて「小石川の老人」で暮らし、其間に諸国を巡遊したりなぞいたして国政の改善に貢献せられたところなども、義公に明快なる決断力のあったことを示すものである。

徳川慶喜公の決断も明快

近いところの人物では、徳川慶喜公が水戸義公《ぎこう》の御末裔《おすえ》だけあって、やはり明快なる決断力を有せられた方であると私は信ずる。私が慶喜公を御賞《おほ》め申し上げることに対し、山路愛山君はこのごろ『中央公論』の誌上において、いろいろと非難の声を挙《あ》げられ、慶喜公を平々凡々の人でもあったかのごとくに申されるが、決して愛山君の言わるるごとき平凡の御方《おかた》ではなかったのである。なるほど、慶喜公は不世出の英雄をもって目《もく》せされるに足るほどの大豪傑では素《もと》よりなかったろうが、少なくとも公の決断力だけは非凡のものであったのである。

私が慶喜公を第一五代征夷大将軍の職に就《つ》かしめず、一旦幕府を倒しておいて、有力なる大藩を寄せ集め、合議制の大老制度のごときものを樹立し、慶喜公を大阪において擁《お》し立てて、この大老会議を統率する太公《たいこう》の如きものたらしめんと計画したことなどをも、愛山君は非難されているが、当時私はなお今日までに円熟しておったわけでもなく、また当時の私は純然たる政治家であったものだから、慶喜公をして幕府に反《そむ》かせ、一旗《ひとはた》御揚《おあげ》させ申そうとしたからとて、別に天朝《おかみ》に対して反旗《はんき》を翻《ひるがえ》すことをお勧《すす》め申したわけでもない以上は、私の当時の思想《かんがえ》が徹頭徹尾不都合であるとも申し得られまいかと思うのである。

それはともかくとして、慶喜公が大将軍の職に任ぜられてから、天下の形勢の趣《おもむ》くところを察知し、断乎として大政奉還に意を決し、一派の反対ありしにかかわらず、あくまでこれを実行せられたのは、公に非凡の決断力がなければできぬことであったのである。それから、一旦、大政を奉還せられてからは、一切明治の御新政《ごしんせい》に立ち触《さわ》らぬことを決意せられ、薨去《こうきょ》まで四〇有余年間、一切政治に干与《かんよ》せられなかったことなども、一見何でもないようではあるが、非凡の決断力ある人物に非《あら》ずんば、遂行《すいこう》し得られぬものである。

総じて、水戸義公《ぎこう》のごとき、あるいは徳川慶喜公のごとき非凡の決断——明快なる決断力を得るようになることは、深く安心立命《あんしんりつめい》を得ているのが根柢の因になるもので、安心立命がなく、また自ら確く信ずる処のない人は、どうしても決断が鈍り、途中の乱麻《らんま》を断《た》って邁進《まいしん》し得られるものではない。自ら、「これ」と信ずるところがあって、安心立命を得ている人は、国家の危急《ききゅう》に際しても狼《ろう》狽《ばい》せぬのみか、ことにかかる際に処して明快なる決断を行い、自ら是《ぜ》と信ずるところに向かって進み得るものである。

第一五話　私の処世方針と態度

野依秀市と初対面の動機

私が、〔「実業之世界社」社長の〕野依秀市君と初めて会ったのは、たしか、明治四〇年〔一九〇七〕ごろであったと思う。そのころ野依君は、私が多くの会社の事業に関係しているのは良くないことであると言って、ある所で頻《しき》りに譏《そし》ったということを、服部金太郎君が聞かれて、

「私は渋沢をよく知っているが、欲張《よくば》りのためにたくさんの事業に関係していると思って、渋沢を誹謗《ひぼう》するのは間違っている。渋沢は決してそんな人間ではない」

と野依君に言ったところが、野依君は、

「人間の能力には限りがあるから、一人一役が最もよい。それを一人でなんの仕事でも引き受けて、二〇も三〇もの会社に関係し、力以上の仕事をするのは間違っている」

と言ったそうである。それで服部君は、

「とにかく、一度渋沢に会つて、どんな人物だか確かめて見るがよかろう」

と言って分《わか》れたということであった。その後、服部君と会った時、このことを語って、

「一度、野依に会って見たらどうか?」

いう話があったから、

「先方で、会う気なら会ってもよい」

と返事をした。こういう順序で、服部君の紹介で初めて会見したが、その際、野依君から前に述べたと同様の質問を受けたのに対し、私はこういう風に〈次のように〉答えたと記憶する。

私の実業界に身を投ぜし所以

私が実業界に立ったのは、決して自分の富を殖《ふや》そうとか、大いに栄達しようとかいうためではない。己惚《うぬぼれ》の申し分かも知れぬが、自分の考えでは、日本も諸外国と交際を結び、通商を開始する以上は、とうてい維新前のような有様《ありさま》では駄目《だめ》である。ぜひ一新しなければならぬ。私はこの目的のために身を実業界に投じたのであって、栄達や富ということは少しも念頭になかった。それで株式組織の合本法《がっぽんほう》に基づいて、明治六年〈一八七三〉に第一銀行を創立したのである。

申すまでもなく、仕事をするには信用はもちろんであるが、相当の資力がなければ出来ない。さ

れば良い株を買い、相当の給料も貰い、事実において財産は減るよりも増してくるが、しかしこれは真の目的ではない。

また一人一役というが、それは時と場合の問題である。例えば、新開地に新しく商売を始めると仮定すれば、最初は分業的に出来るものでない。呉服太物類《ふとものるい》（絹織物を呉服と称したのに対し、太物は綿織物・麻織物を総称したもの）も置かなければならぬし、そのほか種々の日用品なども商《あきな》わねばならぬ。これは止《や》むを得ないことである。

日本の実業界は未だ初歩であるから、あたかも新開地と同様である。それで商業、運輸、保険、工業――工業にしても絹糸、紡績、麻糸そのほか種々あるが――これらの諸事業に関係しているのであるが、ただしこれには時機があるので、私は適当の時機を待つのである。

それから、

「給料のみでは、今日の産を成すはずはない」

といわれるが、例えば一〇万円で有る有望な株を買っても、その時機が来れば二〇万円か三〇万円くらいになる。産を殖《ふや》すのは目的ではないが、事業の関係上、相当の資金が必要であり、かかる経路で自然多少の財産が出来たのであるけれども、それは断じて目的ではない。

とにかく、私の言うことが真実《ほんとう》か真実《ほんとう》でないか、それは私の今後の行動を見られると最も明瞭である。

私の実業界隠退の時機

以上は、当時、野依君に答えた談話の骨子であるが、私はその青年時代において、どうしても日本を発達せしむるには、古い階級制度、すなわち封建制度を変更して、真の知識によって成り立つ世の中にしなければならぬというところから、一時は同志と共に幕府を倒そうと奔走したこともある。しかし、欧米を漫遊ののち、我が国の物質界、すなわち実業界の欠陥がすこぶる多く、これが発達を図《はか》ることの急務なるを覚り、政治界に対する考えを捨てて、一時、身を実業界に投じたのである。

しかるに、幸いに第一銀行は漸次《ぜんじ》発達を遂《と》げて、多数の株式より成《な》る模範的の株式会社と言えるようになり、良い後継者も得られたし、そのほかの諸会社も、ことごとくとは言わぬが、だいたいにおいて道理正しい進歩を遂げたので、私はこの時機において後顧《こうこ》の憂《うれ》いなく、実業界を隠退《いんたい》するに至ったのである。

自分のことを申すと、あるいは自慢らしく思われるかも知れぬが、だいたい以上のようなわけで、己惚《うぬぼれ》ではないが、自分は、「九仞《きゅうじん》の功《こう》を一簣《いっき》に虧《か》かぬ」〈長い間の努力も最後の少しの過失からだめになってしまう、「九仞《きゅうじん》の功《こう》を一簣《いっき》に虧《か》く」のたとえのようにはならない）積りである。

しかし、私は実業界を隠退はしたけれども、決して無為《むい》にして余生《よせい》を送ろうとは思わない。それで今日でも、及ばずながら社会公共のために微力を尽くしている次第であるが、天命を完《まっと》うするまでは、国家社会のために、自分の出来るだけの努力をしようと心掛けているのである。

解題――『実験論語処世談』から『処世の大道』へ

渋沢栄一記念財団業務執行理事・渋沢史料館顧問　井上　潤

人は人と出会い、思いがけない出来事や歴史を創る。けれども、後に一連の経緯を振り返るとき、偶然と思われた出会いも必然のものに思えてくることが多い。渋沢栄一（一八四〇～一九三一。以下、栄一と略称、敬称略）は幕末から明治・大正・昭和の激動期に活躍し、長く日本経済を育てた「近代日本経済（資本主義）の父」などと称されてきたが、栄一の「私利と公益は決して別のものではない」とする根本的な立場への理解が広く深められてきた。そこで、経済界以外の広い分野で日本の近代化の推進役となり、制度、事業等々を生み出した創造者であり、世の中全体の組織化をはかったオーガナイザーと称されるのが相応しいと考える。

栄一はオーガナイザーとしての立場から、生涯で実に多くの人と出会い多彩な足跡を残した。そうしたなかで栄一の亡くなる三年前に出版された『処世《しょせい》の大道《だいどう》』もまた、破天荒《はてんこう》な二二歳の青年・

野依秀市《のよりひでいち》（一八八五〜一九六八。一九二九年以前は秀一《ひでいち》。以下、野依と略称）との劇的な出会いから二二年の紆余曲折《うよきょくせつ》を経て生まれたものである。

『処世の大道』は一九二八年（昭和三）九月に実業之世界社（発行者・野依秀市）から出版された。四六版で一〇二話収録・一〇二〇頁の大著である。それ以前に刊行された『青淵百話《せいえんひゃくわ》』（一九一二年刊）、『論語《ろんご》と算盤《そろばん》』（一九一五年刊）、『青淵先生訓言集《せいえんせんせいくんげんしゅう》』（一九一九年刊）と内容的に重なるものも多いが、出版時期が最晩年でもっとも遅く、栄一の口述筆記に栄一自身の校閲・校正が加えられているため、持論の「論語と算盤説」・「道徳経済合一説」などが、『論語』に則してより練られた形でまとめられており、栄一の「論語と算盤説」の集大成といえる内容になっている。

このたびの抄編訳註『現代語　処世の大道』は、浩瀚《こうかん》な原本から珠玉の一五話を収録したもので、厳選された一五話は栄一の経歴の大事な節目や持論の「論語と算盤説」・「道徳経済合一説」の真髄を示し、栄一と『論語』のかかわりを知る上で必須のものである。また栄一と野依との数奇な出会いや交流等を理解する上でも、極めて重要である。なお、渋沢史料館企画・監修『肉声で聞く渋沢栄一の思想と行動』（CD合計二三分。①「道徳経済合一説」、②「ご大礼に際して迎うる休戦記念日について」の講演および全文活字化小冊子）には栄一の持論が収録されており、今回の「解題」でも照合・活用した。

以下、順を追って、『実験論語処世談』から『処世の大道』の出版に至る経緯を述べる。

『青淵百話《せいえんひゃくわ》』と『実験論語処世談《じっせんろんごしょせいだん》』

栄一の持論の「道徳経済合一説」は、より平易な表現の「論語と算盤」として人口に膾炙《かいしゃ》している。持論の要点は『論語』の教えの基本である道徳と、利潤を求める経済活動が矛盾せず、本質的に一致すると説くものである。栄一がこの持論を語るときに「論語と算盤」という独特の表現を用い始めた時期について、筆者は自著『渋沢栄一伝―道理に欠けず、正義に外れず』（ミネルヴァ書房、二〇二〇）で、

　一九〇〇年ごろからというのが確認できます。実際は、一九〇九（明治四二）年の経済界からの実質的な引退後、強く主張するようになります。（『同書』二六一頁）

と指摘した。さらに栄一が古稀《こき》を迎えた一九〇九年（明治四二）、祝賀の一環として漢学者・三島《みしま》中洲《ちゅうしゅう》（本名は毅、中洲は号、一八三一～一九一九）が渋沢邸に来訪したときのエピソードを紹介した。それは、栄一が持論を述べながら、洋画家・小山正太郎が『論語』・算盤《そろばん》・朱鞘《しゅざや》の刀《かたな》・シルクハットを一枚の図に描いたものを示した際に、三島は栄一の考えに賛同すると同時に、

栄一の古稀を祝して「題論語算盤図賀」とする一文を贈ったのです。その一文を見た栄一は、改めて自分の考えを分かりやすく伝えるには「論語と算盤」という言葉が最適と感じ、以後、持

論を述べる際に「論語と算盤」と題するようになったのです。（『同書』二六二頁）

というもので、これを機会に栄一は「論語と算盤」の表現を用い始めるきっかけとなったのである。栄一と三島中洲との応接の詳細と、「題論語算盤図賀渋沢男古稀」（論語《ろんご》と算盤《そろばん》の図《ず》と題《だい》し、渋沢男《しぶさわだん》（爵《しゃく》）の古稀《こき》を賀《が》す）の全文および総ルビ付き読み下し文は、本書第一一話に収録されている。

栄一の口述による代表的な出版書籍の一つは、一九一二年（明治四五）発行の『青淵百話《せいえんひゃくわ》』である。国書刊行会が一九八六年（昭和六一）に、渋沢青淵記念財団竜門社（現公益財団法人渋沢栄一記念財団）の協力のもとに復刻出版を企画したとき、竜門社は『青淵百話』の出版に至る克明な記録を記した序文を寄せた。序文ではまず、

渋沢栄一の数多い著書の中で、〈筆者注、栄一が〉もっとも力を入れたのは『徳川慶喜公伝』・『楽翁公伝』であるが、これらは当時の碩学《せきがく》をスタッフとして編纂されたから、栄一の著書というより、編纂代表者という方が正しい評価であろう。では、栄一自身の著書は何かと問われれば、この『青淵百話』をまず挙げ、つぎに『実験論語処世談《じっけんろんごしょせいだん》』と答えたい。

と、栄一の数多い著書の中での『青淵百話』と『実験論語処世談』の重要性を指摘した。続いて「渋沢栄一日記」をもとに、栄一の口述を井口正之が筆記し、栄一自身が多忙な日々の寸暇《すんか》を利用して、精魂こめて校正した姿を克明に列記し、『青淵百話』の出版企画の端緒《たんちょ》から発刊までの記録を示した。

また井口正之は編纂助手の肩書のもとに、同書凡例で「本書編纂に着手してより茲に三閲年。此の間先生は常に閑を偸んで談話することを快諾された」と記している。

余談になるが、一九八六年（昭和六一）には『青淵百話』と相前後して『論語と算盤』と『渋沢栄一訓言集』（『青淵先生訓言集』を改題）も国書刊行会から復刻出版された。その背景には一九八八年（昭和六三）に埼玉県熊谷市を会場地にして開催された「'88さいたま博覧会」（略称・「さいたま博」）があった。会期は三月一九日から五月二九日までの七二日間で、「さいたま博」には各種のパビリオンが建設された。郷土の偉人・渋沢栄一の足跡を顕彰する「渋沢栄一館」も建てられ、渋沢史料館は所蔵資料を提供したほか、当時の史料館唯一の学芸員であった筆者が展示制作に関わるなど、種々協力した。第一国立銀行の外観を模した長方形の「渋沢栄一館」は、「さいたま博」を代表するパビリオンとして人気を集め、会期中に約二九万人が入館した。『青淵百話』等の復刻出版は、こうした「さいたま博」の準備作業が開始された時期のものであった。

野依秀市《のよりひでいち》と『実験論語処世談』の発行

話を戻して、『実験論語処世談』の発刊に至る経緯を確認し、発行者・野依と栄一との出会いと、その後の関係を述べる。野依は一八八五年（明治一八）、大分県下毛郡中津町字新博多町（現・中津市）に野依幸蔵の長男として生まれた。本名が秀市で、秀一はペンネームである。郷土の英雄・福沢諭吉に憧れて上京を試みたが、幾度もの挫折を経験したのち、一八歳の一九〇三年（明治三六）に旧制慶應義塾商業学校（現・慶應義塾大学商業部）の夜学生となり、在学中に三田商業研究会の発足および雑誌『三田商業界』の創刊に参加。『三田商業界』の名士談話を担当して当時の名だたる政財界人と次々に対談し、物議を醸《かも》しながらも活躍する。次いで雑誌『日本』や隆文館を経て、二二歳の一九〇七年（明治四〇）五月に『大日本実業評論』を創刊して、「権利株製造屋の首領男爵渋沢栄一を難ず」と栄一を舌鋒鋭く批判した。記事を知った服部金太郎（精工舎社長）が野依に会い、「私は渋沢をよく知っているが、渋沢は決してそんな人間ではない、とにかく、一度渋沢に会つて、どんな人物だか確かめて見るがよかろう」

と告げ、服部の仲介で栄一と野依との会見が行われた。その顚末は栄一自らの生き生きとした口述が本書第一五話に詳述されている。野依は栄一の合本法《がっぽんほう》に基づく会社組織推進の真意と必要性を十分に理解し、一方で六七歳の栄一もまた、孫ほど年齢の離れた野依の自由奔放さに興味を持つ。このときの栄一の心境を、佐藤卓己は『天下無敵のメディア人間―喧嘩ジャーナリスト・野依秀市』（新潮社、二〇一二）で、「〔栄一は〕この青年の気宇宏闊《きうこうかつ》が時代の閉塞感に風穴をあけるように思えたようだ」（『同書』七八頁）と記している。

面談の二年後の一九〇九年（明治四二）二月、栄一は名古屋で開催された『実業之世界』第一周年読者大会に野依と同行し、

「余は『実業之世界』主幹野依秀一《ママ》氏の如何なる点に感じて親交を結びたるか」

と題し演説している。続いて『実業之世界』一九一一年（明治四四）一月号に「論語と五十盤《そろばん》」を発表。翌年六月に『青淵百話』（同文社）を出版すると、同書にも「論語と算盤」と題する一文を収録している。『論語と算盤』の出版に先立つこうした「論語算盤説」の発表記録は、栄一が持論の「道徳経済合一説」を述べる際に、堅苦しい道義観念に根ざした表現から、平易で具体的な「論語と算盤」の表現を用い始めた時期を裏付けるものである。

一方、野依は東京電燈会社への料金値下げ要求キャンペーンにより脅迫罪に問われ、二年の有罪が確定し、一九一二年（大正元）一二月六日に巣鴨監獄に収監される。

「監獄は人生の大学である」

と豪語する野依は獄中で、栄一が差し入れた新刊の『青淵百話』や『新論語』を熟読。一九一四年（大正三）三月一七日、一年四ヶ月の独房生活を終えて出獄する。野依は獄中で読み込んだ『青淵百話』の編集形式に倣《なら》い、栄一に『論語』中心の体験談の口述と『実業之世界』への連載を懇請したものと思われ、栄一は翌一九一五年（大正四）六月から「実験論語処世談」の連載を開始。同時に口

述筆記の「実験論語処世談」は『竜門雑誌』第三二五号（竜門社、一九一五年六月）から継続掲載が開始される。

また同年に、栄一の持論の代名詞ともなる『論語と算盤』が東亜堂書房から出版される。同書は梶山彬が『竜門雑誌』から栄一の道徳経済合一の考えを含め処世術に関する文章を選び、一〇章九〇項目に編集したものである。なお、東亜堂書房版は一二年後の一九二七年（昭和二年）に忠誠堂から再版された。戦後に出版された『論語と算盤』関連の書籍は忠誠堂版を底本としたものが多い。その点については若狭正俊の論考「『論語と算盤』（再刊）の出版社「忠誠堂」について」（『青淵』九〇五号、二〇二四年八月号）に詳述されている。

栄一が『実業之世界』へ「実験論語処世談」の連載を開始したのち、野依は愛国生命保険会社に対する恐喝事件で、禁固四年の刑を受け一九一六年（大正五）五月に入獄する。そのとき栄一は漢詩を揮毫《きごう》し、末尾二行に、

「思《おも》う所《ところ》は功名《こうみょう》に在《あ》り　惜別何《せきべつなん》ぞ歎《なげ》くに足《た》らん（所思在功名　惜別何足歎）」

と惜別の情を示すとともに、野依を激励している。さらに野依の四年間の入獄中も、刑期を終えて一九二〇年（大正九）に出獄したあとも、野依との約束を固く守り口述筆記による連載を続けた。一九二二年（大正一一）一二月、野依は同年九月までの八年間の栄一の連載原稿をまとめ出版した。そ

の書籍が『実験論語処世談』である。

後述するが、『実験論語処世談』は発行翌年に関東大震災に遭遇したため、容易に原本を手に取ることができない。そのため、現在、公益財団法人渋沢栄一記念財団では、デジタル版「実験論語処世談」を公開している。そのデジタル版の「渋沢栄一『実験論語処世談』について」において、『実業之世界』への連載のいきさつから書籍化に至る経緯などを詳細に記述している。たとえば、巻頭に栄一揮毫《きごう》の「已所不欲勿施於人（己《おのれ》の欲《ほっ》せざる所《ところ》は、人《ひと》に施《ほどこ》すこと勿《なか》れ）」があり、巻末に野依の「実験論語処世談の発刊について」が掲載され、野依は「渋沢さんは、あの老体で、あの多忙な中に、『実業之世界』の切抜きを、始めから終りまで訂正し、一年を経て、漸く稿本を授けられた。」と明記していることなどを紹介している。

また、同年一二月一一日付『東京日日新聞』朝刊の広告欄には、「本書は大正四年から毎月一回乃至二回つゝ之を筆記し、大正十一年まで約八年間に亘つて成つたものを、渋沢子が約一ケ年間其の忙中の寸陰を割いて懇切叮嚀に校閲訂正し、漸く世に出すに至つたものである。渋沢子爵の名を冠した怪しき著書が尠くないが、本書は全く撰を異にし、一字一句悉く子爵の筆になつたと同様である。」と書かれていたことも判明する。

まさしく、栄一が実業之世界社の記者に口述した内容が活字化され、その掲載記事を校閲・訂正した『実験論語処世談』こそ、『青淵百話』の復刻出版の際に、渋沢青淵記念財団竜門社から国書刊行会に寄せられた序文で、栄一の代表作の一つと示された理由である。

関東大震災による『実験論語処世談』の焼失と、『処世の大道』の発行

中村不折装丁の『実験論語処世談』は、野依によると菊版・定価六円八十銭の高価本で、発行後に発生した関東大震災で紙型などことごとくを焼失し、絶版となっていたので、一九二八年(昭和三)一〇月一日に栄一の米寿祝賀会が催されるのを機会に記念出版を企画。『実験論語処世談』を菊版から四六版に縮刷し、定価を半額以下の三円とし、書名を『処世の大道』と改題して、祝賀会に先立つ九月二〇日に発行したという(『処世の大道』「はしがき」)。このとき、「明治大帝」を「明治天皇」に変更するなどの改変が行われた。

一九二八年(昭和三)九月発行の『処世の大道』を手に取ると、背文字に「実業之世界社蔵版」の金文字が箔押しされている。口絵に「昭和戊辰《ぼしん》九月八十九翁青淵書」と記した墨痕《ぼっこん》鮮やかな揮毫《きごう》「徳不孤必有隣(徳《とく》、孤《こ》ならず、必《かなら》ず隣《となり》あり)」が収録されている(本書口絵参照)。注目すべきは『実験論語処世談』の揮毫が『論語』顔淵篇《がんえんへん》の「己《おのれ》の欲《ほっ》せざる所《ところ》は、人《ひと》に施《ほどこ》すこと勿《なか》れ」であったのに対し、『処世の大道』は『論語』里仁篇《りじんへん》の「徳《とく》 孤《こ》ならず 必《かなら》ず隣《となり》あり」に変更されている点である。

また、『処世の大道』の表紙には「博施於民　而能済衆　昭和戊辰九月八十九翁青淵書」の揮毫が金箔押しされている。この揮毫の出典も『論語』である。栄一が「道徳経済合一説」の核心を示す『論語』の言葉の一つとして大事にしていたものであり、本書第三話で少し触れ、第一〇話で詳しく述べている。さらに、一九二三年（大正一二）六月一三日に、赤坂霊南坂・日本蓄音機商会で録音された貴重な講演録でも力説している。講演録は渋沢史料館企画・監修の『肉声で聞く渋沢栄一の思想と行動』に収録されており、八三歳とは思えぬ張りのある声調を聞くことができる。

栄一は同講演で、「道徳経済合一説」の講題のもとに「仁義道徳と生産殖利とは、元来ともに進むべきものであります」と説き起こし、「孔子は、義に反した利は、これを戒め《いまし》ておりますが、〔略〕義に適《かな》うた利は、君子の行いとして恥ずるところのない、としたのは明らかであります」として、『富国《ママ》論』のアダム・スミスに触れながら「利義合一は、東西両洋に通ずる不易《ふえき》の原理であると信じます」と語り、続けて『論語』雍也篇《ようやへん》の子貢《しこう》との問答を取りあげ、結論として、

つまり、「博施於民　而能済衆者」（博《ひろ》く民《たみ》に施《ほどこ》して、能《よ》く衆《しゅう》を済《すく》う）というのは、すなわち、今日わが聖天子のなさるることである。少なくとも王道をもって国を治むる君主の行為である。ゆえに、国を治むる人は、決して生産殖利を閑却《かんきゃく》することはできない、と私は堅く信じておるのである。〔ルビは筆者加筆〕

と強調している。この「道徳経済合一説」の講演三ヶ月後の同年九月に「博施於民　而能済衆」を揮毫し、『処世の大道』の表紙に金箔押ししている経緯を確認すると、改めて栄一の『処世の大道』の出版に寄せる思いの深さを感じる。

さらに気付くのは、口絵と表紙に念を押すかのように「昭和戊辰《ぼしん》」と書き込んでいることである。思えば『処世の大道』の発行時、栄一は数え年八九歳にして干支《かんし》は奇《く》しくも戊辰である。逆算すればちょうど六〇年前（一八六八年）の戊辰九月八日は明治改元の日である。栄一はそのとき日本を離れて遠くフランスにいたことを考えると、深い感慨を込めて筆を執ったものと想像される。

『処世の大道』が刊行された翌一九二九年（昭和四）一二月に、野依は自著『生ける処世術』を出版している。口絵には野依自身が二大恩人と尊称する栄一と三宅雪嶺《みやけせつれい》（一八六〇～一九四五）に挟まれた三人が並ぶ写真が掲載され、栄一は次の好意ある序文を寄せている。

野依君と私とは二十二三年の交際で、相共に許してゐる仲である。年齢こそ私が君の丁度《ちょうど》倍に当《あた》り、表面に現《あらわ》れた行《い》き方に於《お》ては相違する様《よう》に見える所があつても、根本の精神に於《おい》ては同一と云へよう。〔略〕野依君の第一の特長は、正直で誠《まこと》のある事である。世間には君を危険な人物のやうに考へてゐる向《むき》もあるとの事であるが、それは君の真骨頂を知らぬもので、あの位常識の発達した人は滅多にない。既に常識があつて正直がある、そこにドウして危険があらうか。

〔略〕君は論客で、その筆鋒《ひっぽう》は却々《なかなか》峻烈《しゅんれつ》辛辣《しんらつ》である。それでハラハラするやうな所があるかと思ふと、仔細《しさい》に味はつて見れば、結局は円満なる常識と智慧と明敏なる頭脳から出てゐるもので、その筆は何を論じても、尽く《ことごと》肯綮《こうけい》〔肝心なところ。急所〕に当《あた》つてゐるのは、寧《むし》ろ不思議な位である。〔後略〕〔ルビは筆者加筆〕

序文を通読すると、栄一の野依への向き合い方が如実に分かる気がする。野依は若き日から常に反体制の立場に立ち、「言論ギャング」「ブラックジャーナリズムの元祖」の異名で知られ、各所で物議を醸《かも》し、悪評も高い。戦時下では対米戦を過激に煽《あお》りつつ、反東条英機の姿勢を貫き通し、忌諱《きい》に触れ二度も収監された。こうした破天荒《はてんこう》で天衣無縫《てんいむほう》ともいえる野依の愚直《ぐちょく》さを見抜き、三宅雪嶺などとともに清濁併《せいだくあわ》せ呑む度量の大きさを示して見守り、支援の手を差し伸べる道を選んだのだと思えてくる。

栄一は『処世の大道』が出版された三年後、一九三一年〔昭和六〕一一月一一日、数え年九二歳の生涯を閉じる。野依は栄一が亡くなる直前の一〇月に仏教真宗会館〔野依事務所ビル〕を落成し、栄一の七回忌に当たる一九三七年〔昭和一二〕に自社ビル上に「渋沢神社」を建立し、自ら守役を名乗った。渋沢神社のご神体は形見にもらった栄一愛用の山高帽であったという〔佐藤卓己『天下無敵のメディア人間—喧嘩ジャーナリスト・野依秀市』七九頁〕。

戦後、野依は栄一の二三回忌を記念し『処世の大道』を再版

やがて時代は移り、終戦後GHQはA級戦犯たちを収監し、七一一九点の書籍を没収・焚書《ふんしょ》した。個人別では野依が二三点の第一位で、第二位は仲小路彰《なかしょうじあきら》（一九〇一～一九八四）の二二点である（西尾幹二『仲小路彰の世界』国書刊行会、二〇一〇、一〇六頁）。

A級戦犯被疑者の岸信介《きしのぶすけ》（一八九六～一九八七）は巣鴨の獄中で『処世の大道』を七回ほど読み返し、東条英機たち七名のA級戦犯が処刑された翌日、一九四八年（昭和二三）一二月二四日に不起訴となり放免された。放免ののち岸は野依に対し、「巣鴨生活の三年中、『処世の大道』ほど私を慰め、且《か》つ激励してくれたものは他になかった」（岸信介著『論語と渋沢翁と私』はしがき、実業之世界社、一九六〇）と述懐している。

一九五四年（昭和二九）七月、栄一の二三回忌を記念し、野依は『処世の大道』を再版した。このとき野依の要請を受けて、渋沢敬三が祖父栄一への追慕の心情を込め、序文に当たる「『処世の大道』に就いて」を寄せている。今回の抄編訳註『現代語　処世の大道』では、巻頭に渋沢敬三の序文を収録している。その中で栄一と野依の間柄について渋沢敬三は、

祖父が座右《ざゆう》の書《しょ》として常に手放さなかったものは『論語』一巻であることも、知る人ぞ知ると

云えるわけであるが、祖父一代の活動において種々の事件なり、人事関係なりに遭遇《そうぐう》せしに際し、依《よ》って以《も》って処理せし中に『論語』の精神が常に躍動していたに違いないと見て取ったのが、二〇有余年間にわたり祖父より最も愛顧《あいこ》をうけていた野依秀市《のよりひでいち》君その人である。／その故に野依君は『論語』の一章一句について、祖父の実験処世の上よりしての感想解釈を語らしめて、〔略〕これを後に纏めて「処世の大道」と題し、世に送ったのである。

と記している。

また、敬三の「『処世の大道』に就いて」の次頁に、栄一名の達筆な野依宛書状一枚が収録されている。「頃日來《けいじつらい》〔このごろ〕種々の雑事にて頗《すこぶ》る多忙に罷在《まかりあり》候《そうろう》為《た》め修正延引《えんいん》いたし申訳無之《もうしわけこれなく》候《そうろう》昨夜漸《ようや》く出来候…」という書き出しで、校正が完了したことを野依に伝える内容である。日付は九月一八日で年記載はない。この書状は、栄一生前の一九二八年版には収載されておらず、野依が一九五四年版に収載した意図は不明である。しかし、『処世の大道』の初版の出版日は（一九二八年）九月二〇日なので、九月一八日といえばその二日前である。内容を見ると一九二八年の発行直前の可能性が高く、『処世の大道』の出版を検討する上で極めて興味深い書状である。

以上が、野依による『実験論語処世談』の出版と、のちに『処世の大道』と改題して二度発行した経緯であり、併せて、解題の冒頭で『処世の大道』が栄一の「論語と算盤説」の集大成と考えられると記した理由の説明でもある。

なお、これまでにも『処世の大道』の各話を簡略化して、現代語訳したものとして、

（1）経営思潮研究会編『経営論語』（徳間書店、一九六五年、二五三頁、四六判）

（2）由井常彦監修『現代語訳経営論語：渋沢流・仕事の生き方』（ダイヤモンド社、二〇一〇、二六五頁、四六判）

などがある。いずれも栄一の口述筆記の要旨を編集したものである。その点で言えば、本書・抄編訳註『現代語　処世の大道』は、栄一の持論である「論語と算盤説」・「道徳経済合一説」などを説く、『処世の大道』の代表的な一五話を取りあげ、あくまでも栄一の口述の雰囲気をそのまま伝えるべく、できるだけ原文を活用し、漢語を多用する栄一独特の用語のうち難解語には（　）で現代的意味などの解説を加え、読者の利便を配慮しているところに、大きな特徴があると言えよう。また、巻末の「渋沢栄一著述関係年表」も『実験論語処世談』と『処世の大道』の出版、そして栄一の著述の流れを総覧する上で有効である。

二〇二四年一一月

渋沢栄一著述関係年表

（吉原悠 作成）

元号	西暦	数歳	満	事項
天保一一	一八四〇	1	0	旧暦二月一三日誕生（父・市郎右衛門、母・エイの長男）。幼名・市三郎。
弘化 四	一八四七	8	7	従兄尾高惇忠との共編「**巡信紀詩**」（**漢詩文**）。
慶応 三	一八六七	28	26	一月、徳川慶喜の弟、民部大輔昭武に従い、パリ万博出席等のためフランスへ渡航。欧州各国を巡る。
明治 元	一八六八	29	28	一一月、昭武の水戸家相続に伴い帰国。
五	一八七二	33	32	杉原靄山との共著『**航西日記**（**全六巻**）』（耐寒同社）発行。
六	一八七三	34	33	五月、大蔵省退官。
一九	一八八六	47	46	四月、竜門社創立。
二〇	一八八七	48	47	渋沢栄一、子弟に半生を語り、口述筆記「**雨夜譚**《あまよがたり》」の浄書および推敲を開始。
三三	一九〇〇	61	59	二月、『**青淵先生六十年史—一名近世実業発達史**』（竜門社）発行。同書に「**雨夜譚**《あまよがたり》」が収録され、活字化される。
四五	一九一二	73	72	六月、渋沢栄一述・井口正之筆記『**青淵百話**』（同文社）発行。
大正 五	一九一六	77	76	九月、渋沢栄一述・梶山彬編『**論語と算盤**』（東亜堂書房）発行。

七	一九一八	80	79	一月、渋沢栄一著『**徳川慶喜公伝**』（竜門社発行）冨山房発売。
八	一九一九	81	80	一月、竜門社編『**青淵先生訓言集**』（冨之日本社）発行。
一一	一九二二	83	82	一二月、渋沢栄一述『**実験論語処世談**』（実業之世界社）発行。
一二	一九二三	84	83	九月一日、関東大震災。
一四	一九二五	86	85	渋沢栄一講話・尾立維孝筆述『**論語講義**』（二松学舎）発行。
昭和二	一九二七	88	87	渋沢栄一述・梶山彬編『**論語と算盤**』（東亜堂書房版を改訂、忠誠堂）発行。
三	一九二八	89	88	一月、日本史籍協会叢書一二六『**渋沢栄一滞仏日記**』（日本史籍協会）発行、『**航西日記**（全六巻）』等を収録。米寿記念出版として、渋沢栄一述『**処世の大道**』（『**実験論語処世談**』を改題、実業之世界社）発行。
六	一九三一	92	91	七月、『**楽翁公伝**』自序口述（八月まで）。一一月一一日永眠。
七	一九三二			『**渋沢栄一伝記資料**』（編纂主任・幸田成友）編纂開始。
一二	一九三七			渋沢栄一著『**楽翁公伝**』（三上参次稿、平泉澄編纂、中村孝也修訂）（岩波書店）発行。
二九	一九五四			渋沢栄一の二三回忌を記念して、渋沢栄一述『**処世の大道**』（実業之世界社）再版発行。
四六	一九七一			『**渋沢栄一伝記資料**（全六八巻）』（渋沢青淵記念財団竜門社）完結。

参考文献

井上　潤「渋沢栄一・12の肖像」(『毎日新聞』二〇二三年四月〜二〇二四年三月連載)、毎日新聞

井上　潤『渋沢栄一伝─道理に欠けず、正義に外れず』(ミネルヴァ書房、二〇二〇)

加地伸行『全訳注　論語』講談社学術文庫、講談社、二〇〇四

金谷　治訳注『大学・中庸』岩波文庫、岩波書店、二〇一八

金谷　治訳注『論語』岩波文庫、岩波書店、二〇〇四

岸　信介『論語と渋沢翁と私』実業之世界社、一九六〇

木下まゆみ編『青天を衝け〈渋沢栄一とその時代〉』(NHK大河ドラマ歴史ハンドブック)、NHK出版、二〇二一

清原伸一編『渋沢栄一』(週刊『日本の一〇〇人』No.四二)、デアゴスティーニ・ジャパン、二〇〇六

齋藤　孝訳・責任編集『渋沢栄一『論語講義』「論語」を生かす私の方法』イースト・プレス、二〇一〇

佐藤卓己『天下無敵のメディア人間─喧嘩ジャーナリスト・野依秀一』(新潮社、二〇一二)

佐野眞一『渋沢家三代』文春新書、文藝春秋、一九九九
渋沢栄一『処世の大道』実業之世界社、一九五四
渋沢栄一『青淵百話』(乾坤)、国書刊行会、一九八六
渋沢栄一『論語と算盤』(解説・加地伸行)、角川ソフィア文庫、角川学芸出版、二〇〇八
渋沢史料館　企画・監修『肉声で聞く渋沢栄一の思想と行動』渋沢史料館、二〇〇〇
渋沢青淵記念財団竜門社編『渋沢栄一訓言集』国書刊行会、一九八六
渋沢華子『渋沢栄一パリ万博へ』国書刊行会、一九九五
白石喜太郎『渋沢栄一92年の生涯』(全四巻)、国書刊行会、二〇二一
西尾幹二『仲小路彰の世界』国書刊行会、二〇一〇
韮塚一三郎・金子吉衛『埼玉の先人　渋沢栄一』さきたま出版会、一九九八
原口　泉『渋沢栄一『論語と算盤』を読む』幻冬舎、二〇二一
宮崎市定『現代語訳　論語』岩波現代文庫、岩波書店、二〇一七
守屋淳編訳『渋沢栄一の「論語講義」』平凡社新書、平凡社、二〇一〇
山本七平『日本の経営哲学を確立した男』さくら舎、二〇一八
若狭正俊「『論語と算盤』(再刊)の出版社「忠誠堂」について」(『青淵』九〇五号、二〇二四年八月号)

あとがき

本書の出版企画は、旧知の関敏昌氏が二〇〇八年（平成二〇）一〇月、山中湖畔の故仲小路彰《なかしょうじあきら》邸の膨大な書籍および資料の整理・確認作業中に、薄暗がりのなかで偶然に『仲小路廉集《なかしょうじれんしゅう》』（乾坤《けんこん》全二巻）とともに、『処世の大道』を見つけたことに始まる。閲読した関氏は深く感動し、いつの日か時節を得て公刊されることを願っていたという。やがて時機到来の予兆《よちょう》を察知して、二〇一九年（令和一）六月に国書刊行会の佐藤今朝夫社長（当時、現・相談役）を自宅に訪ね、内容の素晴らしさと広く世に知らせるべき意義、好機到来の見通しを伝えた。提案を聞き佐藤社長は『処世の大道』を読み、大きく頷いた。

関氏はそれまでにも、渋沢青淵記念財団竜門社（現 公益財団法人渋沢栄一記念財団）の協力を得て、

①渋沢青淵記念財団竜門社編『渋沢栄一事業別年譜』一九八五（昭和六〇）発行
②渋沢栄一述『論語と算盤』（初の現代語訳）一九八五（昭和六〇）発行
③渋沢栄一述『青淵百話』復刻版　一九八六（昭和六一）発行
④渋沢栄一述『渋沢栄一訓言集』（原本『青淵先生訓言集』）一九八六（昭和六一）発行

などの渋沢栄一関係書籍を、国書刊行会から出版する際の窓口の役割を担い、その後長く多岐にわたり渋沢栄一の業績顕彰に取り組んできた経歴を持つ。

関氏の提案三ヶ月後の二〇一九年九月に、二〇二一年の大河ドラマが渋沢栄一を主人公とする『青《せい》天《てん》を衝《つ》け』に決定したことが発表された。そして二〇二〇年（令和二）正月、私は佐藤社長宅に呼ばれ、『現代語　処世の大道』の出版企画とその方針が示された。そこで佐藤社長と浩瀚な『処世の大道』の核心となる部分を選ぶべく、協議を重ねた。その結果、一五話が決まり、私はその中の三話を、同年春までに『論語』部分を中心に現代語訳して難解語に語注を加えた試案を作成した。試案を読んだ佐藤社長と関氏から、さまざまな助言と更なる進行を促された。

しかし直後に、佐藤社長のもとに白石喜太郎著『渋沢栄一翁』の現代文での出版企画が持ち上がり優先事項となったため、私は同書の現代文原稿化の編集および難解語への語注の加筆、そして組版作業に没頭した。したがって『現代語　処世の大道』の原稿化作業は中断せざるを得なかった。その後、大河ドラマ『青天を衝け』の放送開始（二〇二一年二月）を受け、白石喜太郎著『渋沢栄一翁』は『渋沢栄一92年の生涯』（全四巻）と改題されて、二〇二一年（令和三年）三月に国書刊行会から出版された。

その後、『現代語　処世の大道』の原稿化は懸案事項となり、私は関係資料を集めることと、原稿化のなかで発生した疑問点の解明に努めた。そうした中で、関氏が故仲小路彰邸で見つけた『処世の大道』は、一九五四年（昭和二九）に野依秀市が再版したものであることがわかり、栄一の米寿記念の一九二八年（昭和三）に発行されたもの、および栄一の写真を収録した第二版以降の『処世の大道』を探した。

幸いにも古書店で保存状態の良好な書籍を入手して、戦前版と戦後版を比較し、口絵の栄一の近影は戦前版の方が若い姿であること、同じく口絵の「徳《とく》、孤《こ》ならず、必《かなら》ず隣《となり》あり」と、表紙の「博《ひろ》く民《たみ》に施《ほど》し、能《よ》く衆《しゅう》を済《すく》う」の箔押しが同一であること、本の背表紙に同じく「実業之世界社蔵版」と箔押しされていることなど、書誌的な確認をすることができた。しかし、『実験論語処世談』はついに入手できなかったため、渋沢栄一記念財団の「デジタル版『実験論語処世談』」を閲覧し、そのうえで三つの本を照合し、表記の異同を確認した。そうした確認作業のなかで、『実験論語処世談』の「実験」が科学等の「実験」の意ではなく、「実体験」を意味することを知り、渋沢および野依の意図を一歩踏みこんで理解できたような気がした。

また、栄一における『青淵百話』と『論語と算盤』と『処世の大道（『実験論語処世談』）』の位置関係を考える上で、井上潤著『渋沢栄一伝―道理に欠けず、正義に外れず』は大きな指針となった。特に、栄一の持論である「道徳経済合一説」を、平易な「論語と算盤」という表現で主張し始めた時期についての示唆に富む考察は良き導きであった。

さらに、野依秀市に関する資料収集にはいろいろ興味深いものがあった。栄一と野依との関係など、気になる疑問を一つひとつ、先行研究に導かれながら解消していくことに注力した。なかでも野依に関する佐藤卓己著『天下無敵のメディア人間―喧嘩ジャーナリスト・野依秀一』の詳細な研究成果に目を開かされ、幾つもの疑問を解消することができた。

こうして、ようやく本文の現代語表記の執筆を終えようとしたとき、関氏から、「栄一の肉声を記録した音源が残されているので、ぜひ聞いて参考にして欲しい」との要請を受け、関氏の迅速な配慮により、渋沢史料館企画・監修『肉声で聞く渋沢栄一の思想と行動』が届いた。さっそく、収録の『道徳経済合一説』の肉声を聞くと、表紙箔押しの「博《ひろ》く民《たみ》に施《ほど》し、能《よ》く衆《しゅう》を済《すく》う」がより詳細に語られている。しかも記録を見ると表紙揮毫の三ヶ月前の講演録である。

本書第三話と第一〇話に収録されている「博《ひろ》く民《たみ》に施《ほど》し、能《よ》く衆《しゅう》を済《すく》う」の出典が『論語』雍也篇であることは既に確認し、本文中に記述していたが、なぜ表紙に箔押ししたのであろうかという素朴な疑問は解決できないままでいたので、栄一の肉声を聞いて、商業における私徳と公徳を重視する栄一の主張を示す言葉であったことを再確認でき、疑問が一気に氷解した喜びは大きく、奇跡とも思える僥倖《ぎょうこう》にただただ感激するのみであった。

こうした多くの地道な先行研究の一つひとつに、紙上をもって深く感謝申し上げる。

最後に、本書の監修および「解題――『実験論語処世談』から『処世の大道』へ」のご執筆の労をお引き受けいただき、数々のご示唆とご教導を賜りました井上潤先生（渋沢栄一記念財団業務執行理事・渋沢史料館顧問）に深謝申し上げ、また、長い間暖かく見守っていただいた国書刊行会・佐藤今朝夫相談役に完成の報告が出来ることを喜びとし、合わせて折に触れ鞭撻《べんたつ》と良きアドバイスを送り続けてくれた関敏昌氏に御礼申し上げるとともに、佐藤今朝夫社長の社業と志を継承し、本書の出版に絶大のご支援をいただいた佐藤丈夫社長を始め、永島成郎編集長、中澤真野営業部長等の関係者に心からの感謝を申し上げる次第である。

二〇二四年一一月

割田　剛雄

口　述　渋沢 栄一〔しぶさわ えいいち〕

1840年現・埼玉県深谷市生まれ。第一国立銀行をはじめ約500社もの企業の創立や発展に寄与。実業界の社会的地位向上や社会公共事業・国際親善活動に尽力。1931年没。

監修・解題　井上　潤〔いのうえ じゅん〕

1959年大阪府生まれ。1984年、明治大学文学部史学地理学科日本史学専攻卒業。現在、公益財団法人渋沢栄一記念財団業務執行理事・渋沢史料館顧問。主著、『渋沢栄一―近代日本社会の創造者』(山川出版社、2012)、『渋沢栄一伝―道理に欠けず、正義に外れず』(ミネルヴァ書房、2020) ほか。

編訳・語注　割田 剛雄〔わりた たけお〕

1944年栃木県生まれ。1972年、東洋大学大学院文学研究科仏教学専攻博士課程満期修了。主著、『般若心経』(2011)、『仏道のことば』(2012)、共著『皇后美智子さまの御歌』(2015、以上、パイインターナショナル)、『輪島聞声事典』(2024、大空社出版) ほか。

現代語《げんだいご》　処世《しょせい》の大道《だいどう》

2025年1月30日　第1版第1刷発行

口　述　渋沢　栄一
監修・解題　井上　潤
編訳・語注　割田　剛雄
発 行 者　佐藤　丈夫

〒174-0056 東京都板橋区志村1-13-15
発行所　株式会社　国書刊行会
TEL.03(5970)7421(代表)　FAX.03(5970)7427
https://www.kokusho.co.jp

ISBN978-4-336-07651-9

装丁：長井究衡
印刷・株式会社シナノパブリッシング／製本・株式会社村上製本
定価はカバーに表示されています。
落丁本・乱丁本はお取替いたします。

渋沢栄一 92年の生涯 全4巻

白石喜太郎 著

好評発売中!!

渋沢栄一の秘書を二〇年務めた白石喜太郎が、筆名を「和泉清」として雑誌『経済知識』に連載したもの。連載を読んだ渋沢栄一が、「一々筆を加えられ、観察の正鵠《せいこく》を得ざる点、記述の不備なる点を懇切に示教」したという、まさに渋沢栄一自身が添削した伝記である。「ありのまま」の「人間・渋沢栄一」がここに！

【四六判・各巻2200円】

10％税込価。価格は予告なく改定になることがあります

◇春の巻

攘夷志士転じて幕臣となり、生涯を決定するフランスへ。倒幕の知らせを受けて帰国後は新政府入りし、大蔵省高官として実業の礎となる法制をまとめ、若くして退官するまで。激動の前半生を描く。

ISBN978-4-336-07095-1

◇夏の巻

大蔵省で銀行法をまとめ、野に下った渋沢は、日本初の銀行を誕生させると、鉄道、海運、通信、製紙、紡績、造船、鉄鋼、ガス、電気、農業と、将来日本経済を支える企業を次々に立ち上げていく。

ISBN978-4-336-07096-8

◇秋の巻

政界からの勧誘を固辞した渋沢は、実業界から身を引き、道徳と経済の両立をめざす。徳の高い経済人を育成するため東京商科大（現・一橋大）、早稲田大など、また理化学研究所などの設立に尽力する。

ISBN978-4-336-07097-5

◇冬の巻

実業家引退宣言の後も世話役として多数の企業に関わり、関東大震災からの復興にも尽力。民間外交、そして衛生・福祉の制度・施設の充実にも、力続く限り活動を続けた渋沢の存在の大きさが伝わる最終巻。

ISBN978-4-336-07098-2